摩訶毗盧遮那佛

金剛界曼荼羅

胎藏界曼荼羅

日本佛教真言宗高野山派金剛峰寺中院流第五十四世傳法大阿闍梨
中國佛教真言宗五智山光明王寺光明流第一代傳燈大阿闍梨

**悟光上師法相**

# 即身成佛觀

# 悟光大阿闍梨略傳

悟光上師又號全妙大師，俗姓鄭，台灣省高雄縣人，生於一九一八年十二月五日。生有異稟：臍帶纏頂如懸念珠；降誕不久即能促膝盤坐若入定狀，其與佛有緣，實慧根夙備者也。

師生於虔敬信仰之家庭。幼學時即聰慧過人，並精於美術工藝。及長，因學宮廟建築設計，繼而鑽研丹道經籍，飽覽道書經典數百卷；又習道家煉丹辟穀、養生靜坐之功。其後，遍歷各地，訪師問道，隨船遠至內地、南洋諸邦，行腳所次，雖習得仙宗秘術，然深覺不足以普化濟世，遂由道皈入佛門。

師初於一九五三年二月，剃度皈依，改習禪學，師力慕高遠，志切宏博，雖閱藏數載，遍訪禪師，尤以為未足。

其後專習藏密，閉關修持於大智山（高雄縣六龜鄉），持咒精進不已，澈悟金剛密教真言，感應良多，嘗感悟得飛蝶應集，瀰空蔽日。深體世事擾攘不安，災禍迭增無已，密教普化救世之時機將屆，遂發心廣宏佛法，以救度眾生。

師於閉關靜閱大正藏密教部之時，知有絕傳於中國（指唐武宗之滅佛）之真言宗，已流佈日本達千餘年，外人多不得傳。（因日人將之視若國寶珍秘，自詡歷來遭逢多次兵禍劫難，仍得屹立富強於世，端賴此法，故絕不輕傳外人）。期間台灣頗多高士欲赴日習法，國外亦有慕道趨求者，皆不得其門或未獲其奧而中輟。師愧感國人未能得道傳法利國福民，而使此久已垂絕之珍秘密法流落異域，殊覺歎惋，故發心親往日本求法，欲得其傳承血脈而歸，遂於一九七一年六月東渡扶桑，逕往真言宗總本山—高野山金剛峰寺。

此山自古即為女禁之地，直至明治維新時始行解禁，然該宗在日本尚屬貴族佛教，非該寺師傳弟子，概不經傳。故師上山求法多次，悉被拒於門外，然師誓願堅定，不得傳承，決不卻步，在此期間，備嘗艱苦，依然修持不輟，時現其琉璃身，受該寺目黑大師之讚賞，並由其協助，始得入寺作旁聽生，因師植基深厚，未幾即准為正式弟子，入於本山門主中院流五十三世傳法宣雄和尚門下。學法期間，修習極其嚴厲，嘗於零下二十度之酷寒，一日修持達十八小時之久。不出一年，修畢一切儀軌，得授「傳法大阿闍梨灌頂」，遂為五十四世傳法人。綜計歷世以來，得此灌頂之外國僧人者，唯師一人矣。

師於一九七二年回台後，遂廣弘佛法，於台南、高雄等地設立道場，傳法佈教，頗收勸善濟世，教化人心之功效。師初習丹道養生，繼修佛門大乘禪密與金剛藏密，今又融入真言東密精髓，益見其佛養之深奧，獨幟一方。一九七八年，因師弘法有功，由大本山金剛峰寺之薦，經日本國家宗教議員大會決議通過，加贈「大僧都」一職，時於台南市舉行布達式，參與人士有各界地方首長，教界耆老，弟子等百餘人，儀式莊嚴崇隆，大眾傳播均相報導。又於一九八三年，再加贈「小僧正」，並賜披紫色衣。

師之為人平易近人，端方可敬，弘法救度，不遺餘力，教法大有興盛之勢。為千秋萬世億兆同胞之福祉，暨匡正世道人心免於危亡之劫難，於高雄縣內門鄉永興村興建真言宗大本山根本道場，作為弘法基地及觀光聖地。師於開山期間，為弘法利生亦奔走各地，先後又於台北、香港二地分別設立了「光明王寺台北分院」、「光明王寺香港分院」。師自東瀛得法以來，重興密法、創設道場、設立規矩、著書立說、教育弟子等無不兼備。

師之承法直系真言宗中院流五十四世傳法。著有《上帝的選舉》、《禪的講話》等廿多部作品行世。佛教真言宗失傳於中國一千餘年後，大法重返吾國，此功此德，師之力也。

# 目錄

# 本文

## 本文

宇宙之大，其縱無限無際，其橫無量無邊。其體性括為六大，其理無量故，其智亦無量。諸法與法相由其因緣而顯，由其因緣而隱，斯乃六大體性之絕對力所使然；各有基因，非無中生有，此為法界體性靈體之如來功德，理智不二之活動現象，幽顯不異，現象即實在之當體，其活動即法佛之三密作業。

眾生即法性之顯現故，隱顯無常，眾生在無常中受法佛之三密支配下顯現眾生之三業，眾生迷故執著現象之好惡，凝固聚成五蘊流轉生死之境界，由其苦樂不同而成十界。

迷即六道，悟即四聖，人能悟此即轉識成智，與法身大日瑜伽，即成大日之永恆生命。

由理觀悟入理具成佛者有之。

由加持而入我我入，即成如來功德以成佛者有之。

二觀圓滿故顯得成佛。

即入佛位後，或修習中，體佛之道，行佛之行儀，發大普賢行願，大作佛事，接引救濟群生，悟入佛之知見。

煩惱名迷，悟為菩提，菩提煩惱乃如來三密之功德。

迷則三密化為眾生三業，悟則三業變三密，其體不異不二，入此境界以鑄造大日之人格，轉四威儀事業為功德事業。

運命之成敗介於迷悟之間，身心不二故。

迷而作惡業，影響精神之痼執，使精神影響物質，精神運入苦境，物質罹病，煩惱叢生，好惡全在一心之迷悟所致，一心乃運命之神也。

以凡夫之身心，令其頓悟，或修成佛之十六德，於此身即身成佛之道，唯在密教中有之，此乃三德秘藏之法門，敬請同胞們留意焉。

# 第一章

# 密教之宇宙觀

# 第一章　密教之宇宙觀

## 宇宙之大，其縱無限無際，其橫無量無邊。

宇是空間，宙是時間，宇是界，宙是世，宇宙、時空、世界、其名雖異，事理即一。

宇宙之大，吾人凡夫是不能窺見臆測的。

其縱乃豎的時間，因為時間在現象上有地球與太陽的旋轉而有時分，但在整個的天體而言，是無始無盡的，上無其限，下無其止，沒有過去現在未來的分際。以空間而言，都不知其尺量與邊境，凡夫因為被眼前之境所局限，只以自己的管見來囚其視野，豈能知其邊際與神秘之奧妙。

科技文明的發達雖然發明了望遠儀器，窺測天空星際之運轉，亦都止於太陽系的範圍，如恆星之自轉、或其光圈、地球下之形成、或地球之吐氣、龍捲的水柱等等都無法探知其所以然。

又對於地球上之萬物因何發生，又為何出現動物、植物、礦物等不同的法相，都是宗教家、哲學家、天文學家、科學家等所要追求認識的課題。

**其體性括為六大，其理無量故，其智亦無量。**

宗教家經過冥想修行，發現整個的宇宙中具有一種不知名的力量在創造，這種力量加以神格化，叫做創造神，尚不知其創造工廠在何處。

其創造過程之設計、原料、機械、員工、美術等等，根據佛教的各宗派，則認為是法界體性，叫做真如佛性。

古老的印度哲學，如數論派則認為萬物的原素有九十六億，真言密教即由法身佛以自眷屬說此甚深秘密奧蘊。言法界體性括之有六大，即是地水火風空識。

地水火風空五大是理體，於大空中有四大，各大具有無量之理則，識大即從五大中發用，理理無量故精神原因之識大亦無量。

理體之主要部分，為方便與人了解而畫出胎藏曼荼羅，無論動物植物礦物個個之體皆然。

## 一、胎藏界之理體——胎藏曼荼羅

### 橫門建立

胎藏界・物・理

- 地大（𑖀阿）——堅　性——釋迦——成所作智
- 水火（𑖪縛）——濕　性——彌陀——妙觀察智
- 火大（𑖨羅）——煖　性——寶生——平等性智
- 風大（𑖮訶）——動　性——阿閦——大圓鏡智
- 空大（𑖏佉）——無礙性——大日——法界體性智

吽・𑖮𑖳𑖽・智（雜色、雜形；識別、了知）識大・心・金剛界

## 豎門建立

六大
- 物
  - 六大、物德、業用、形、色、種字　曼荼羅
  - 地大—堅—不壞—方—黃—阿—胎大日
  - 水大—濕—攝持—圓—白—縛—金大日
    - （地大、水大）理智
  - 火大—煖—離散—三角—赤—囉—不動王
  - 風大—動—長養—半月—黑—訶—降三世
    - （火大、風大）理智
  - 空大—無礙—自在—寶形—青—佉—愛染王—不二
    - 胎藏界
- 心・識大—了知—識別—雜形—雜色—吽

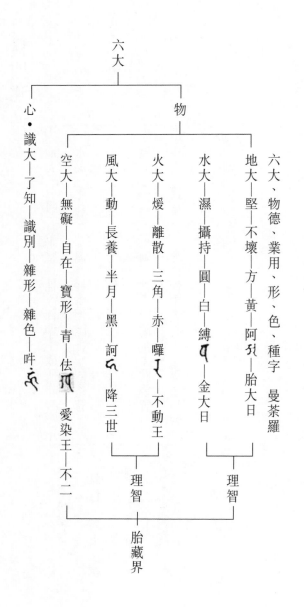

六大之性格、作用、六大與金胎二部關係、心物不二之次第，轉迷開悟之義自明也。

胎藏界—理—平等—物質—色法—橫—五大—大悲—陰—眾生—演繹法

金剛界—智—差別—精神—心法—豎—識大—大智—陽—佛—歸納法

而二 / 不二

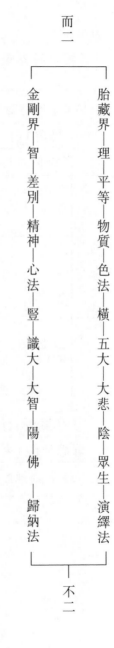

胎藏界曼荼羅

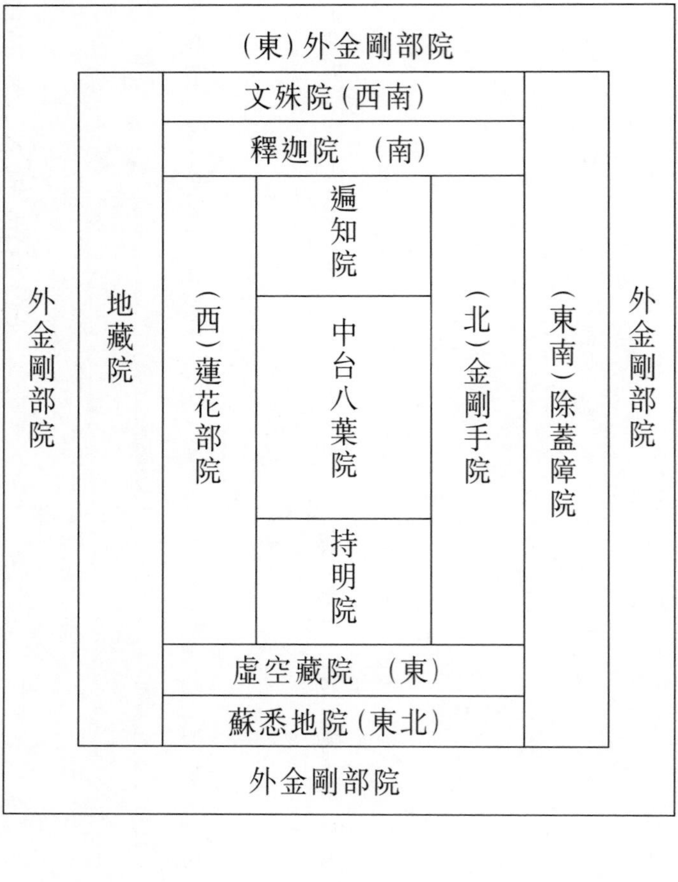
(東)外金剛部院
文殊院(西南)
釋迦院 (南)
遍知院
外金剛部院
地藏院
(西)蓮花部院
中台八葉院
(北)金剛手院
(東南)除蓋障院
外金剛部院
持明院
虛空藏院 (東)
蘇悉地院(東北)
外金剛部院

胎藏界曼荼羅是理平等之法門，前後四重左右三重，分十二大院合計有四百十四尊。

（一）中台八葉院九尊
（二）中央大日如來教令輪持明院五尊
（三）中央大日如來正法輪遍知院七尊　——主君之內院
（四）北方天鼓雷音如來金剛手院三十三尊
（五）西方阿彌陀如來蓮花部院三十六尊
（六）南方開敷花王如來釋迦院三十九尊　——第一重親王皇族

（七）西南方文殊菩薩文殊院二十五尊
（八）東南方普賢菩薩除蓋障院九尊
（九）西北方地藏菩薩地藏院九尊
（十）東方寶幢如來虛空藏院二十九尊
（十一）東北彌勒菩薩蘇悉地院八尊
—第二重大臣
（十二）中央大日如來等流身外金剛部院二百五尊—第三重萬民

胎藏界如種子母胎內托生孕育一樣，故名曰胎藏。

這個胎藏好像國家，亦是個工廠，而且具備了諸條件，乃至出生，均依此平等之大悲萬行而發生攝化方便，亦名大悲胎藏生。

依大日法界體性所發菩提心為因，其大悲為根，方便為究竟的意趣所圖繪，作為觀境之用，所以名謂大悲胎藏曼荼羅。

(一)中台八葉院之中央赤色蓮花中畫有九尊，中央大日如來是總體，四方及四隅八葉之尊，表四佛四菩薩；前東是寶幢如來表大圓鏡智，南方開敷花王如來表平等性智，西方阿彌陀如來表妙觀察智，北方天鼓雷音如來表成所作智，如來表理，佛表智，不二故亦稱佛。

以修行而言，四佛以東南西北表示因行證入以上之四果位，四隅之菩薩表示因位上之菩提心、妙慧、慈悲、證果等四行。

果位上之菩薩即普賢、文殊、彌勒、觀音，依因位與果位兩方面觀之，即不外四智，四智開之成八智，依萬物之理體而言，即是創造之功能主宰。

(二)持明院在中台八葉之下，經云：佛之持明使者，故得名。此院有五尊亦名五大院，前之中台八葉表解脱道，此持明院表無間道上的大日斷德。

此院西南隅畫有不動，西北隅有降三世，此二大明王外加畫有金剛呼迦羅、大威德明王、般若菩薩三尊。

理即決定性，修行即斷德。

(三)遍知院在中台之上方，此院畫有三角火焰形，而表一切如來之智印，中有般若佛母、七俱胝佛母，故又名佛母院。

持明院表無間道，中台八葉表解脱道，此院表勝進道。

此院中央有一切如來智印，三角火形表示除三世之貪瞋癡業，如火燒物故三角形乃象徵智火。

主伴共有七尊。

(四)金剛手院，在中台之南方，因有發心的修行者金剛薩埵為主尊住於中央，故名金剛手院。

此院有三十三尊主伴，中央五尊為主尊，計有金剛薩埵、忙莽雞、金剛針、金剛鏁、忿怒鬘。

忙莽雞是金剛佛母，即金剛智的體現化。

金剛針表般若智之斷德，持有穿法性之金剛針為標幟。

金剛鏁是金剛薩埵之智為主，引入聖道之菩薩，以鏁為三昧耶。

忿怒鬘表要得成所作智的準備之無間道斷德。其義好像月一般之清淨，解除煩熱苦惱的樣子。

(五)觀音院亦名蓮花部院，位於中台八葉之北方，觀自在菩薩在中央為主尊。

此院主尊有二十一尊，伴尊十五，共計三十六尊。

中央之觀自在菩薩表示妙觀察智之解脱道，好似泥中的蓮花而不染泥的清淨本心，此心在理體的眾生心中有之，而使此心蓮開放為本誓而住之本尊。

此尊即諸多變化之觀音。

(六)釋迦院在遍知院之東，以變化身釋迦為主尊坐於中央，以佛具三十二相，被濁赤衣於半肩，作說法相，濁赤衣表不住生死，不住涅槃，赤色又表愛有情，三十二相乃三十二清淨相。

以上為第一重曼荼羅。

(七)文殊院位於第二重，此第二重有文殊院、除蓋障院、地藏院、虛空藏院、蘇悉地院之五院，是象徵開見內重大日如來三無盡莊嚴實相者，使吾人得以證悟而向上之曼荼羅。

文殊院表示開悟實相之妙慧，此院以文殊菩薩為主尊，共有二十五尊主伴。

（八）除蓋障院畫的是在文殊院開悟了三無盡莊嚴的結果，能除煩惱及所知障乃至一切蓋障之斷德曼荼羅。

菩薩不住中央而住最下者，表示已離主與伴的執著之除蓋障德之曼荼羅，以除蓋障以外之八菩薩，亦表示各如其名詞的活動之德，共九尊。

（九）地藏院位於南方，表示得到除蓋障德的結果，不但能接受大法及堪受各種迫害，而且能以苦為樂的曼荼羅；恰如大地堪受負載萬物之重壓，且以此為樂一樣。

此菩薩是有如大地具有含藏之德，故名地藏。

此院除地藏尊外，還畫有八菩薩。

地者心地，藏者藏識，八尊是八識，本尊一識是總，數為九識。

(十)虛空藏院位於持明院西方，以得到堪受苦難、堪受迫害，以苦為樂之地藏德之結果，好像虛空一樣至於無礙自由自在的行動之果德的曼荼羅，以虛空藏菩薩為主尊，共有二十九尊。

(十一)蘇悉地院在虛空藏院之下方，初虛空藏院與蘇悉地院並未分開，後來再分開。

此院畫有八尊蘇悉地菩薩為主體。

蘇悉地是梵語，即妙成就之意，或云微妙而速成就之義，此院乃是要眾生快速得以成就及開悟的象徵。

(十二)外金剛院乃是護持密教之八方諸天而成立的曼荼羅，此八方諸天，有四天、十二宮、二十八宿、九曜、八部等，共成為二百五尊。

胎藏界曼荼羅有四百十四尊之佛菩薩，這是其主要部分，其實有無量無盡的佛菩薩。

（十三）四重圓壇之意義，上述之胎藏曼荼羅，由左右各三重，前後四重所組成。

《大日經》所說之曼荼羅是前後左右三重，即以《大日經》之核心，以表達因、根、究竟三句。

中台與第一重─遍知、持明、觀音、金剛手，表菩提心之德。

第二重─釋迦、文殊、虛空藏、蘇悉地、地藏、除蓋障六院表大悲之德。

第三重─外金剛部院，表方便之德，此由三身，法、報、應而建立之曼荼羅。

然今之曼荼羅是四重建立而成，左右與《大日經》相同，但上方有釋迦、文殊二院，下方有虛空藏，蘇悉地二院，共分四重，乃依四身四立之法來建立者，第一重是自性法身，第二重是受用身，第三重是變化身，第四重是等流身，配合而成。

四重圓壇乃大日如來為引誘四機而流現之曼荼羅。

行者之修行以至成佛階級分為三劫十地等四種，四重圓壇是要攝化四種之機來建立的。

此胎藏曼荼羅，內即示其本有理德，外表現象社會之自然狀態，亦是人之本能的發展狀態，上自本有之佛菩薩、天部諸神，下至人、餓鬼、畜生等各各世界位置。

## 二、金剛界之智體——金剛界曼荼羅

| 金剛界曼荼羅 | | |
|---|---|---|
| 理趣會十七尊 | 一印會大日一尊又七十一尊 | 四印會十三尊 |
| 降三世會一尊又七十七尊 | 羯摩會三十七尊又一千零六十一尊 | 供養會七十三尊 |
| 降三世三昧耶會七十三尊 | 三昧耶會七十三尊 | 微細會七十三尊 |

金剛界曼荼羅以九會組織，合計有一千四百六十一尊，主尊即三十七尊。

羯摩會一零六一尊—大曼荼羅
三昧耶會七十三尊—三昧耶曼荼羅
微細會七十三尊—法曼荼羅
供養會七十三尊—羯摩曼荼羅
（以上）四種曼荼羅

四印會十三尊—四曼融合
一印會 一尊—四曼歸一
（以上與四種曼荼羅）自性輪

理趣會十七尊—迷悟冥合
（以上）正法輪

降三世會七十七尊—大曼荼羅
降三世三昧耶會七十三尊—三昧耶曼荼羅
（以上）教令輪

一物必有四種觀察法，此種巧妙觀察即是三十七尊

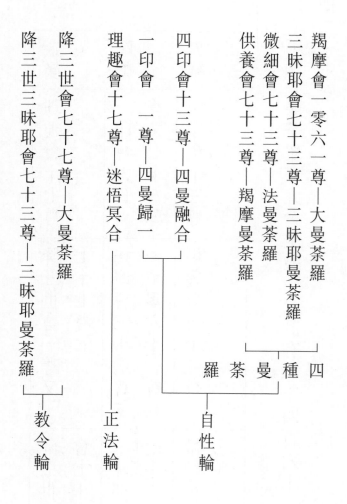

## 三十七尊

- 大日
  - 阿閦
  - 寶生
  - 彌陀
  - 釋迦
    - 慧門（男性）十六尊
      - 東—薩、王、愛、喜
      - 南—寶、光、幢、笑
      - 西—法、利、因、語
      - 北—業、護、牙、拳
    - 定門（女性）十六尊
      - 四波羅密
        - 金
        - 寶
        - 法
        - 羯摩
      - 十二供養
        - 八供
          - 內四供—嬉、鬘、歌、舞
          - 外四供—香、花、燈、塗
        - 四攝—鉤、索、鏁、鈴

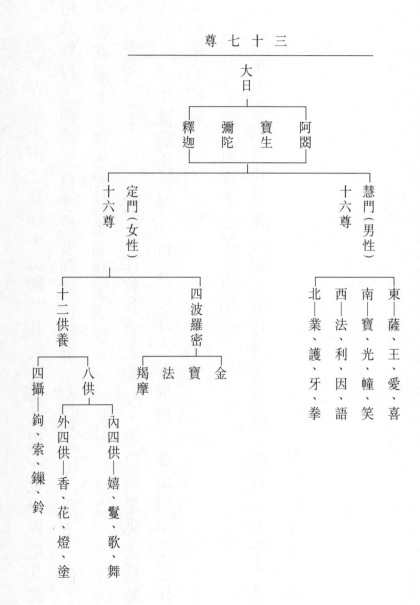

胎藏界是宇宙之真理，萬物是其功德所顯現。金剛界是其智用乃修行之順序，自迷昇進到成佛境界，包括向上、向下、內、外的狀態，各會之會就是因緣組織法。

兩部即是宇宙，亦即是社會各物之縮寫，可以說是佛之活動方式，亦是諸尊之功德加持互相涉入而成佛，並啟發眾生之作業現象的藍圖。

曼荼羅即宇宙理智全體之實相也。

諸法與法相由其因緣而顯，由其因緣而隱，斯乃六大體性之絕對力所使然；各有基因非無中生有，此為法界體性靈體之如來功德。

六大無礙常瑜伽體
四種曼荼各不離相
三密加持速疾顯用
重重帝網名即身無礙
法然具足薩般若
心數心王過刹塵
各具五智無際智
圓鏡力故實覺智成佛

「六大無礙常瑜伽」是宇宙論，乃明示萬物之體性，地水火風四種，即指物質因素，識乃精神（心），空是一種融合無礙之自在力，亦即心物二相互融無礙，瑜伽即是相應一致的媒介力。

地大是堅固性千古不壞之力，保持勢力恆持之實體；水大是濕潤之性，即凝集力；火大是煙煖之性，即是動力，膨漲力。

風大是變動之性即活動長養之力；識大是心，識別了知之作用性能；如人之肉體是地大，血液是水大，體溫是火大，呼吸是風大，各孔腹與四大相融合處是空大，腦力精神作用是識大。

性質謂：堅、濕、煖、動、無礙、知覺。

此六大始自人類乃至宇宙萬物無一物不具備，即動物、植物、礦物都是此六大組成。

六大原因屬體，其形色屬相，其作為屬用；四種曼荼羅中，大曼荼羅是體，三昧耶曼荼羅是相，羯摩曼荼羅是用。

六大論即是心物二而不二的哲學，前四大為物，識為心，由空來融合此心物二相為一。

非唯心論，非唯物論，更非心物並立論，亦非一主一從論，因為常瑜伽故，是二而不二論。

由形色上視之為物，由作用上觀之是心，有形體故有用，有作用之處必有形體，心物常相應一致的。

並非靈魂論，人死之境界乃是五蘊之聚體，悟即五蘊皆空，五蘊變本有五智。

由此六大心物二相不二論，而揭破了宇宙萬有真實際。

由此觀之佛凡不二，山川國土草木悉得成佛。

人格之轉變，物質之變形，人轉生為動物畜生，悉由其心為基因。

此基因皆是法界六大體性之絕對力，絕對力是普門之總持，基因即普門之一德，普門之一一德的無量為多，總持其一一德為一，亦即一中有多，多即一；一者大日如來法身即法界體性，多者如來之無盡理智功德。

各物各有其基因，由基因緣其他之多為一體，而發生其物，基因不同故，法相不同，其心理現象亦不同。

理體雖一平等，但現象呈現差別，所以萬物皆差別。物理基因不同科者不能同化，如瓜不能接梨，梨不能接柑。

在理體之基因各有類別，但其能力即是一，由一主為因而緣其他為伴而現形，為因緣所生法，不斷地活動代謝，故曰無常。

現象即無常之狀態，代謝的過程而隱顯，現象看來是生滅、生死，其體是永恆而是涅槃體。

但萬物並非由空白的虛無而生有的，如果是無而生有，那麼其質量何來？

只是緣生代謝之物是無自性而已，物物之內容組織，如五臟六腑、神經、血脈等等，其基因中具備，故呈現法相之中各備其組織，可見宇宙中之秘密的一般了。

理智不二之活動現象，幽顯不異，現象即實在之當體。

## 三、理智不二之法界體性

頌之第二句，「四種曼荼各不離」，即是相涉不離而圓滿無缺。前六大即萬有之本體，四曼是相；㊀大曼荼羅即體、㊁法曼荼羅即名字、㊂三昧耶曼荼羅即形色、㊃羯摩曼荼羅即是用。

大曼荼羅是各各物之全體；法曼荼羅是名稱，不論什麼物都有名稱，無其名即無其物，所謂聲字即實相，如諸佛之種子字、真言、一切經典、生、佛、迷、悟、心、心所等，法者執持也。

三昧耶曼荼羅是平等義、本誓、除障、驚覺，以物之形相而名，如男女老幼肥瘦、高低、美醜，又諸尊器杖、契印、彩繪、塑像，遍一切所依之義；羯摩曼荼羅是作業，物之作用，人之特性，工藝、文章、辯才、軍人、官吏、技師、農夫、商人等作業之類。

四種曼荼各備萬德，迷悟、染淨、差別歷然，故名曼荼羅。但其總體即理智不二體，分為四種網羅一切現象。

四曼
- 大曼荼羅——體
- 法曼荼羅、三昧耶曼荼羅——相
- 羯摩曼荼羅——用

萬物具備此三大

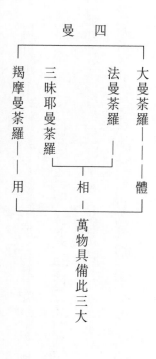

## 四、現象即實在

此現象與隱沒都是一味，色即空，空即色，不一而不異，故云現象即實在之當體。現象當體因為差別故，各有其假名來指標，名即聲字也。

名字雖現象之法相，因為現象即實在故，聲字即實相，亦名真言，如諸尊之種子字，或經典，生佛迷悟、心、心、心所法等皆是，此謂法曼荼羅，法即執持之義亦是一切功能道理等，其自性自持也。

如有聲即有其物，其聲即物，有物即有形，其形即文字，呼其名字之聲，即當體動其基因功德，所以罵人會引起雙方之惡業基因而惱怒，念誦真言即會引出佛菩薩之功德而消業，此口業之有由也。

## 其活動即法佛之三密作業

### 五、無常即法佛之三密活動

「三密加持速疾顯」，乃凡夫受法佛之三密加持，即可以速疾顯得成佛。

凡夫心身原與法體一味，凡夫迷故引出惡業受苦，凡夫若能由三業的作用與法佛三密瑜伽，即入我我入，返本還原本來體性。

因為眾生之活動乃是法佛之三密力量，三密活動就是羯摩，亦即是羯摩曼荼羅。

一切之威儀作業，人類而言，即是特性，各各之身口意活動。

以修行而言，即身作契印及行住坐臥四威儀之活動為身業。

口誦真言及一切講經説法應答，即口業。
心觀本尊及一切隨意思惟憶念皆是意業。
凡夫之身口意其本性即佛之三密。

# 第二章

# 密教之人生觀

# 第二章　密教之人生觀

眾生即法性之顯現故，隱顯無常，眾生在無常中受法佛之三密支配下顯現眾生之三業，眾生迷故執著現象之好惡。

## 一、眾生之三業

眾生之一切身口意都是法性之基因活動，由因而緣其伴而成現象，但其活動是一種法佛理智二德之創造性。

其代謝生新去舊曰無常，無常是創造，如水喻本性，冰喻現象，水由寒冷而凍結成冰，由煖氣而溶化歸水，冷煖即因緣，現象是暫顯，故法相是無自性的，但其水、或云濕性本體是不變的。

眾生迷著以為水是水，冰是冰，執迷現象故，佛之三密變成眾生之三業，不悟法佛之永恆及平等大慈大悲之德，而執著現象之美醜好惡，由三業做出背道而馳的三業，但其活動原理都是法佛三密所支配。

迷著而執是執非，雖在法佛身中而自己局限，變成佛凡懸殊之分別境界。

### 凝聚成五蘊流轉之境界

## 二、生死之流轉

眾生有情界乃法佛之六大所發生，識大分為五智，大圓鏡智、平等性智、妙觀察智，合為成所作智為四智。

四智合為法界體性智，法界體性智是總持，其他為普門。

成所作智是眼耳鼻舌身五識，妙觀察智是第六識，平等性智是第七識，大圓鏡智是第八識，法界體性智是第九識，其他還有地獄、餓鬼、畜生等無量心識，此一一心識合為一識為第十識。

人類與三塗眾生雖有無量差別境界，但括之不出法界體性智，此五智迷時名識，悟時名智，迷著現象，或信邪説種種執著，不悟本來清淨理智之體，如物被污染一樣，不能轉識成智，凝固其意識念頭為五蘊，五蘊之凝固體，生起愛著，起了煩惱惑障，而顛倒流轉。

由此苦樂不同而成十界、迷即六道、悟即四聖

## 三、十界之苦樂

迷悟一心，迷墮六道，悟成四聖是心之境界。

地獄即是生命本有之魔性衝動所支配的痛苦心理狀態。

餓鬼即生命本有之慾性衝動所支配之痛苦心理狀態。

畜生即生命本有之怯弱性所支配之恐怖心理狀態。

以上為三惡道。

修羅即生命本有之好鬥性所支配之驕傲好勝之心理狀態，

以上為四惡趣。

人是生命本有之不善不惡之平等的心理狀態；天是生命本

有之慾望滿足的心理狀態；聲聞是生命本有之向善求真理的心理狀態；緣覺是生命本有之自覺宇宙真理的心理狀態；菩薩是生命本有之利人的喜悅狀態，佛是生命本有之全一自證狀態。

人類之心中具有十界苦樂，人們若耽迷於現實、引出本有之魔性發生，即會被其支配做出傷天害理的事情，犯五逆十惡，但事後被本有之善性苛責，心理蒙上難除的黑暗，失去光明如監在地牢一樣不見天日而苦，死後此蘊結仍繼續，有無間者，有斷續者。

若果在世有信佛聽經，念佛修觀者，偶而憶起，即可一念之間解脱，或移識投胎。

投胎要看其心理境界而定，如吾人平素怯弱，既無勇猛進取善道，心理上常懷盜賊之心念，既不敢與善人或富家人相處，其心念所發出之光波與豬，或其他畜生相同，因緣會遇時，亦即見到畜生類交配所發出之光相，即生喜愛，謂同類相翕的原則下，被其光波吸入投其胎內，其五蘊入胎成為其生命流，生為畜類。

此投胎之類別，完全視乎生前之行為的五蘊所使，若修佛法而五蘊轉成五智，即入於四聖境界，否則流轉不息。

**人能悟此即轉識成智**

## 四、轉識成智

迷時名識，悟時曰智。

六道之苦樂依其根境而生心，心是主體，意是分別，識是感受，皆是心之變相。

由宿業之蘊而引起本有基因為主，其外之基因為伴，故云「心數心王過剎塵」，心王心數亦是六大體性之內容，物各有其維生、保護的審判功能，維生是理德，保護是智德，為維生而保護之不被傷害，乃食性自由，為生命趣向，此為欲。

欲除上述外還有真善美之欲，凡夫迷於現象生活之欲，就變成自私之欲，自私就是排他思想的利己主義，不知吾人萬物是法身佛的理智之德所化，都是法性內之同胞，而局限於自我範圍，如一個人身而言，甲是右足，乙是左足，人體之運奔是互相合作的，五臟六腑，或五根九竅神經血脈，皆是普門之一門一德，社會國家亦復如是，乃是緣起之互相合作生活，全身缺一即成殘廢，凡夫迷此故自戮其生。

若能體悟此，證入此如來之體性即轉識成為智。

**與法身大日瑜伽，即成大日之永恆生命。**

## 五、永恆之生命

永恆之生命即是大日之理智不二之體，證入法身亦可。但證入法身後即成大日等流身的萬物，吾人由修習佛法而迷執諸惑障脱除，即五蘊皆空，其境界之證量為報身佛，乘願再來度生而入人間亦無畏，由其悟境之證量，即成永恆之生命，宇宙即我，我即宇宙，心如太虛，德遍法界。

是智不是蘊故，不被惑業所引，隨業輪迴。

隨業轉生在凡夫邊看，即是輪迴，依佛邊看，即如水泡虛出沒；如不知水性的人，入水即成苦海，知水性的人，入水即成泳池。

苦如火，曰三界火坑，樂故火坑化做白蓮池，苦樂由心，心滅苦樂共殞，無苦無樂曰極樂。

智之境界是無苦無樂的，本來寂滅相，不生不滅相，本不生相，本不生，即永恒的生命。

# 第三章
# 密教之修行觀

# 第三章　密教之修行觀

由理觀悟入理具成佛者有之

## 一、理具之悟入

一切眾生自心中之金剛胎藏曼荼羅是遠離因果法然具足的。凡夫之身都是佛之理智之德，曰理具即身成佛，所以理具成佛是局限於在纏之凡夫，故云本來具足三身德，三十七尊住心城。一一之法相，亦即萬物人類都是六大體性所現，具足四種法身，因為迷故如被雲遮蓋不見光明，迷者迷於真理本體也。真理本體者，經云：

我昔坐道場，降伏於四魔，
以大勤勇聲，除眾生怖畏。
我覺本不生，出過語言道，
諸過得解脫，遠離於因緣，
知空等虛空，如實相智生，
已離一切暗，第一實無垢。

「我覺本不生」即是自心從本以來不生，即是成佛而實無覺無成，一切眾生不解如是常寂滅相，分別妄云有生，輪迴六趣不能自出。

今雖聞正法音，還於種種有為事跡之中，推求校計冀望成佛，皆無有所得。

「出過語言道」即是解釋阿字門，覺本不生即是佛，阿字即是本不生，此是自證之法，非思量分別之所能及，《智度論》謂之言語盡，意不行處。

「諸過得解脫」者，妄想分別、生滅斷常、去來一異等謂之過，變種種戲論，以不知諸法實相故，若了知諸法本無生際，即如是一切過失悉皆解脫，是故金剛之身遠離百非。遠離諸因緣者，若法界體性有生滅相，即有因有緣。今法從緣生即無自性，若則是本來不生，因緣和合之時亦無所起，因緣離散時亦無有盡，是故如淨虛空常不變易。

《大乘密嚴經》說「唯有如來離諸因緣」，如來即法界體性故，法爾自然，本來常住不生不滅，故不由因緣生，本不生也。

「知空等虛空」者，上空是法性，下空是易解空，本來不生即是畢竟空，以自性淨無際無分別故同於太虛，是故以世間易解之空來譬喻不可思議空。

「如實相智生」者，即心之實相，即是毘盧遮那遍一切處；佛坐道場，如法相宗的解釋時，種種不如實見悉滅無餘，是故薩婆若慧與虛空等也。

已離一切暗者，於一切法相不如實知，即是無明，是故覺本不生時，即生遍法界之明，以一切種智觀一切法無不見聞觸知。「第一實無垢」者，即是此最實事更無過上，名為第一實際，所謂自性清淨心，以離一切暗，謂佛之知見無復垢污也。

最上利根人能觀六大能生之內容，由五大種字之十六門，旋轉無盡觀，即為理觀而證入，上述之道理雖悟，但尚有塵跡在。

由加持而入我我入，即成如來功德以成佛者有之。

## 二、加持之功德

蒙三密之加持自見心明道時，乃知種種名言皆是如來之密號，非彼之常情所圖也。

三密加持之三密者，一身密，二語密，三意密；偈云「三密加持速疾顯」者，法佛之三密甚深，謂修三密之萬行顯本性之真覺，行者自知餘皆不知。

顯本性之功德時，了知貪瞋癡等法是法界體性中之基因，亦即普門之一一德。

一一之尊具刹塵之三密，互相加入彼此攝持，眾生三密亦復如是，開顯時就是自成大日如來，從四波羅蜜始，有五部之眷屬三十七尊，一一之部亦有十不可說之微塵數眷屬之如來聖眾，更有已成如來之五部三十七尊之一一部亦具有十不可說微塵數眷屬聖眾，諸如來涉入吾身，吾身涉入諸如來，如多鏡相對互相影現涉入，故吾手作契印如來亦作契印，吾念真言諸如來亦念誦真言，吾心與佛心相印，故修三密加持之功德所顯功德與諸如來相同。

故云手作契印，口誦真言，心住三摩地，三密相應加持而得大悉地。身作契印是身密皈命諸佛，口誦真言是讚嘆能所詮之教理，心觀照是觀照般若，即觀照能所詮之理智；依身之契印而諸佛應現，由口之真言而諸佛加被，依意觀照而諸佛觀照行者，吾人恆修是三密，即名三轉法輪。依是修三密之力并已成之諸佛加被力，行者自身清淨，自心下之本性曼荼羅海會之諸尊應現，而與已成之曼荼羅海會諸尊無有異相，我自身中之諸尊涉入已成之諸尊身中為我入，已成之諸佛亦涉入於吾自身中諸佛身是入我，住三摩地即是入我我入觀之智，名住三摩地之心。

行者依此三平等觀即現身證三身之果，乃加持成佛。

## 二觀圓滿故顯得成佛

### 三、顯得之成佛

理觀與智觀依三密加持，而入我我入，顯出本性之無量無邊功德故云顯得成佛。

顯得成佛即淨土變，淨土變之真言即唵穆欠，此三字亦即是毘盧遮那佛，亦即是六大法界體性，吾人凡夫由迷而轉悟，覺知凡夫身即是佛身，由三字真言印五處時即能成五智，亦即轉識為智。

印即理智不二大日印，誦三字真言，印額即成平等性智，速獲灌頂地福聚莊嚴身。

密語印口時即成妙觀察智能轉法輪得佛智慧身，誦密言印頂時即成成所作智證佛變化身能伏難調者，由此印言加持自身即成法界體性智毘盧遮那佛虛空法界身。

灌頂地是寶生佛，種字是多嚕字，受虛空藏之灌頂而成福德圓滿，名灌頂智，為福德聚門之主。妙觀察智說法斷疑之智，種字是唭哩字，是阿彌陀尊，能轉法輪故名轉法輪智，令眾生悟自本性本來清淨之智慧門主，故云智慧身。

成所作智是釋迦尊，於五濁之世調伏九十五種異類外道，現八相成佛，皆受它致於道場，其種字謂字，故云證佛變化身。

虛空法界身同虛空而無礙含眾像，顯周遍法界。

萬物是由其所顯故，宇宙一切萬象即他之身，萬物即他之身中細胞，其無量細胞即他身中之無量基因理智之德。

一一物均與法界身大日相同之數量，具足四種曼荼羅，三種體相用，三密、五智以及無際智。

顯得成佛時，即知身之數量無限，如實知其自心之智德無量。而其法身真如觀，即是三平等觀，正覺世間、眾生世間，器世間亦平等，法佛之三業皆等至一實之理，乃本不生之理，而一中無量，無量為一也。

即入佛位後，或修習中，體佛之道，行佛之行儀，發大普賢行願，大作佛事，接引救濟群生，悟入佛之知見。

## 四、普賢之行願

顯得成佛即入佛位，或修習中，要體佛之道。凡夫之理體是佛，既然是佛，要行佛之威儀，才是即身成佛。常於無代價的理念發起無緣大悲，去大作佛之事業。以大圓鏡含照萬物之精神來普照關心，施予救濟；以平等如大地養育萬物不分勝劣去滋生；以妙觀察之智慧去觀機逗教，接引凡愚；以精神物質去作應作之事業，令眾生悟入佛之知見，此開示悟入之大工作就是普賢行願。

普賢行願當體即大日之德，開悟時即普賢薩埵，修行時即金剛薩埵，但二者都是二而不二也。普賢薩埵即約外，發眾生無邊誓度等之大悲去度一切眾生。

約內即金剛薩埵，要度自心之煩惱眾生。地藏薩埵發願，地獄未空誓不成佛，眾生度盡方證菩提，這些都是行願。

初發心若無此大心即十進九退，對於調伏難調之自心眾生是無法克服，甚至反被其所伏，墮入邪道，故必須在初發心開始就應發普賢行願。因為密教主張三平等觀，佛與我及眾生皆悉法界體性所顯，各各之業力基因不同而有所差別，一實際之中有差別，差別中即平等，成佛即是歸入大我。

大我中有一不成佛即我亦不完整，如人體是一，全體即眾多之總和，如缺一部份即是全體之不完善，要成為完整之佛的萬德莊嚴，必須度盡眾生。

發此心為普賢三摩地，所以說：若依毘盧遮那佛自受用身所說之內證自覺聖智法及大普賢金剛薩埵他受用身之智，則於現生遇逢曼荼羅阿闍梨，得入曼荼羅為具足羯摩，以普賢三摩地引入金剛薩埵，入其中藉加持威德力故，於須臾間當證無量三昧耶無量陀羅尼門。以不可思議之法能變異弟子之俱生我執種子，應時集得身中一大阿僧胝劫所集福德智慧，即為生在佛家，故成與未成都要發普賢行願。

**煩惱名迷，悟為菩提，菩提煩惱乃如來三密之功德，迷即三密化為眾生三業，悟即三業變三密，其體不異不二。**

## 五、煩惱即菩提

上來所述眾生之本來面目是六大法界體性，即法身佛毘盧遮那。

眾生之五蘊即如來五智，五智各具無際智，眾生之五蘊為心王，各具無量心所，迷故成煩惱，悟者為菩提，乃是如來三密之功德，亦即如來理智之德。

如來功德是清淨潔白無染無垢，眾生不悟此本來面目，貪著為求滿足其慾，或恐失其滿足而幻成煩惱。

如貪性之基因是本有的，佛之貪性即貪眾生為真善美而起的，名大慈大悲，眾生是迷於貪自己而變成煩惱，基因無量故煩惱無量，悟者反成佛德之本有清淨性，為無量功德，能轉此之智德為轉法輪，斯人為轉法輪菩薩。

《理趣經》說此清淨句門云：「妙適清淨句是菩薩位，欲箭清淨句是菩薩位，觸清淨句是菩薩位，愛縛清淨句是菩薩位，一切自在主清淨句是菩薩位，適悅清淨句是菩薩位，愛清淨句是菩薩位，慢清淨句是菩薩位，見清淨句是菩薩位，莊嚴清淨句是菩薩位，意滋澤清句是菩薩位，光明清淨句是菩薩位，身樂清淨句是菩薩位，色清淨句是菩薩位，聲清淨句是菩薩位，香清淨句是菩薩位，味清淨句是菩薩位。」

此十七清淨句即是提醒人們，反觀自性，若能覺此理趣，即一切蓋障及煩惱障、法障、業障，設廣積習必不墮於地獄等趣，設作重罪消滅不難。

菩提者道也，法身六大體性也、佛也、如來也。眾生之心王心所是它之智德故，若能返璞歸真，眾生之煩惱當下即成菩提，眾生度盡即證菩提也。

# 第四章
# 密教之運命觀

# 第四章　密教之運命觀

## 入此境界以鑄造大日之人格

### 一、人格之鑄造

人格不止於現象社會之範圍，若有一念意欲成為一個偉大人物之心理，即還是惑障，有此惑障，不但死後隨業受報，到頭會被人窺見自私弱點。

所謂人格乃指悟了生死之本體是清淨法性，與佛同參，與道同在的人格活動，要鑄造人格之完成，即要覺了一切法平等。

又如《理趣經》說：「得自性清淨法性如來，復說一切法平等觀自在智印出生般若理趣，所謂世間一切欲清淨故，即一切瞋清淨；世間一切垢清淨故，即一切罪清淨；世間一切法清淨故，即一切有情清淨；世間一切智智清淨故，即般若波羅蜜多清淨。」能夠悟此理趣，即設住諸欲猶如蓮花不為客塵諸垢所染，疾證無上正等菩提。

此清淨平等潔白的境界方可稱謂人格完整。

以大空、無相、無願去利益有情，行普賢菩提道，得遍三界自在主成就，則得淨除無餘界一切有情住著流轉以大精進常處生死，救攝一切利益安樂，最勝究竟皆得成就，所謂人格之成就也。

## 轉四威儀事業為功德事業

### 二、轉業為功德

已了悟一切法本性原來清淨，世間所作之幻境皆是戲論，但其本性是無戲論性，一實際所顯，深悟此理者，過去設害三界一切有情亦不墮惡趣，此為調伏故，疾證無上正等菩提。

轉四威儀事業為功德，即所謂降三世，降伏過去、現在、未來之迷妄、這種精神之威猛為降三世明王。

入此理趣所謂悟了世間一切欲之本性原來清淨，一切瞋之本性原來清淨，世間一切垢本性原來清淨，故一切罪清淨，一切有情清淨，世間一切智智清淨，即般若波羅蜜多清淨，住此三摩地故，設住諸欲亦猶如蓮花不為客塵所染。

所作所為皆是如來三密事業，而大作佛事。

凡夫身之身口意三業，已變為佛之三密故，發菩提心亦是供養如來功德，救濟眾生亦是廣大供養如來功德，受持妙典以至般若波羅蜜多，自修教他修，見作隨喜都是供養諸如來功德，自己本有之一切魔性悉皆皈依如來德性，不在迷於種種凡情。

因為悟了一切法平等性，一切法義利性，一切皆法性，一切是事業性，故般若波羅蜜多是平等性，是義利性，是法性，是事業性，悟此一切平等建立，一切法三味耶，最勝出生理趣，而一切如來菩薩三摩耶加持三摩地，即知一切不空，諸法實相，轉業為功德。

**運命之成敗介於迷悟之間，身心不二故。迷而作惡業影響**

**精神之痼執使精神影響物質，精神運入苦境，物質罹病煩惱叢生，好惡全在一心之迷悟所致，一心乃運命之神也。**

## 三、運命之神

萬物以及人類是宇宙六大體性能生之所生，亦即是大日如來之顯化，大日如來是心物不二之靈體。

其中有無量無盡之德，大空中無量之日月星辰，以及無量無盡之元素基因，皆名普門之一一德，而互相涉入為一，重重如帝網而幻成一物。

由其各主要基因為首，其餘為從，只是基因不同為領導而已，其他都具足圓滿無缺，一草一木之不同皆其基因不同而呈顯不同性格與形色。

但總和皆平等，如吾人宿世所作之主導基因是心所之所引出者，人類動物皆有心所，心所之趣向引出本有之屬性基因，幻成現象的生活；引出之屬性基因劣者，成貧窮、多病；若引出之基因勝者，即引出虛空藏寶部之基因德性，就福慧具足富裕，健康長壽。

其心所即是業力，依同類相翕的原則下，惡者引惡之基因德性，善者引善之基因德性。

天際之星辰及地上萬物為大日之內容，吾人萬物是它所化故，吾人之身心皆有天空之日月星辰基因，天空之星辰運行與自身之星辰運行相同，故天空之星辰盈虧與吾人運限有不可分離的密切關係。

吾人出生時之星度好壞，即成吾人身體之病禍壽夭之基因，因為宿業之好壞，依同類相翕之原則，壞者遇星度之真善美週率不和，故不能生於真善美之時候，會生於壞的星度時間。宿業善即生於善之星度之間，以定三限榮枯。

但其主因都是心為主要支配者，吾人若宿業不善，可以改變心之行使，轉於善之基因德性，這是自由之創造，若一向不轉變即變成定命。

若轉於至善之心，即會引出真善美之德性，再不被劣之基因德性所支配，因為邪不勝正，真善美之德性，所引之星辰亦真善美，其光芒強而明，可制不善之愚暗，故能改造運命，密教之星祭法因而建立。精神與物質是二而不二，是故不善之心所五蘊影響物質身體而罹患病魔，身體苦痛故影響精神之苦惱，不知此理趣，以致再塑成來生之不善果報。

此全在一心之迷悟所致，所以一心是運命之神。以凡夫之身心，令其頓悟，或修成佛之十六德，於此身即身成佛之道，唯在密教中有之，乃是真言密教三德秘藏，敬請同胞留意焉。

## 四、疾速成就即身成佛之道唯在密教

密教標凡夫即身成佛，乃基於幻化空身即法身的道理，所謂即事而真，當相即道，大日與我同在，道與我同，迷於世間事事物物，不知是大日法身，是其活動，亦不知各有基因德性，故生出彼此好惡，任心所欲鈎心鬥角，耽著名利，製造是非，無有盡期，自苦身心，罵天怨地，終歸烏有，只留業識蘊聚，轉生受報。

如來法性之體是「遠離因果法然具」的。

經偈云：

皈命正覺真法身，常住妙法心蓮台；
本來具足三身德，三十七尊住心城。
普門塵數諸三昧，遠離因果法然具；
無邊德海本圓滿，還我頂禮心諸佛。

若果善根深厚了悟其中理趣，修此普門三昧轉識成智，即可即身成佛。

如若鈍根者，亦可修成佛之十六德門，一一德修之經修了十六德，亦可即身成佛。

真言密教與普通法門不同，一般認為真如本性是一個空無物，而無是不能生有的。

有其如來理智之無量無盡德性基因，才能顯現諸法與法相。

曼荼羅即如來四種法身之圖，城門以內是成佛之德性，城外即凡夫之德性，鐵圍山外即四惡趣之德性。

吾們要修心城內之德性，亦即喚起本有心城內之三十六尊成佛德性，三十六尊合為一，謂法界真如體性，即佛法身。

吾們凡夫之身即法身故，凡身即身成佛，即身成佛即普門塵數諸三昧之一一德皆皈依心諸佛。

此三德秘藏之法門唯在密教，故要頂禮皈依也。敬請同胞留意思之。

『一真法句』

嗡乃曠劫獨稱真　六大毘盧即我身
時窮三際壽無量　體合乾坤唯一人
虛空法界我獨步　森羅萬象造化根
宇宙性命元靈祖　光被十方無故新
隱顯莫測神最妙　璇轉日月貫古今
貪瞋煩惱我密號　生殺威權我自興
六道輪迴戲三昧　三界匯納在一心
魑魅魍魎邪精怪　妄為執著意生身
暗啞矇聾殘廢疾　病魔纏縛自迷因
心生覺了生是佛　心佛未覺佛是生
罪福本空無自性　原來性空無所憑

我道一覺超生死　慧光朗照病除根
阿字門中本不生　吽開不二絕思陳
五蘊非真業非有　能所俱泯斷主賓
了知三世一切佛　應觀法界性一真
一念不生三三昧　我法二空佛印心
菩薩金剛我眷屬　三緣無住起悲心
天龍八部隨心所　神通變化攝鬼神
無限色聲我實相　文賢加持重重身
聽我法句認諦理　一轉彈指立歸真

# 附錄一

# 真言密教即身成佛義顯得鈔

# 真言密教　即身成佛義顯得鈔　上卷

賴瑜撰　悟光潤

## 即身成佛義

總論有二門，一者屬文、二者演義。二門各有正釋配當二意。

初屬文：「即」者涉入之義，不離之義。所謂即凡身而成佛位，乃相應涉入為「即」之義。又不離就是「即」之意義。

復次，「即」者速疾之義，即是肉身而成佛果。如一般常說之「即時」、「即日」、即身之義亦相同。

凡此有七義，此中「速疾」、「相即」、「不離」，當屬此「即」之義，通證上義，「相即」配「涉入」。配中且約蓮花部、金剛部兩部而言，「即身」屬於「因」曼荼羅，眾德能生故也；究竟圓極故，成佛即屬「果」曼荼羅。那麼就是「因」無不滿之疵，「果」有輪圓之美。凡人之心，比喻像合蓮花，即表「胎藏曼荼羅」，佛心比喻像滿月明亮無雲，即表「金剛界曼荼羅」。

「即身」有平等攝持之義。因為凡夫身中有無量無數之塵數諸尊，這就是基因德性，喻之真理，即是「胎藏界曼荼羅」。成佛者，具有顯實去迷執之義，因為成佛即斷惑證理也。所謂實智是即金剛，或云佛者，覺也，覺即是智，智即是心，所以身心配屬理智，故「即身成佛」，如次配合「蓮花」與金剛界。

真如法界以為自身屬胎藏界；般若實智以為自心謂金剛界。兩部配理智者，蓮花部是理，為不染之義。月輪是智，有破暗之義。清淨不壞之理體即是胎藏，光明堅固即是金剛也，所以配之。那麼是否「胎」中無「智」，「金」中無「理」？其實不是如此。

胎藏之蓮花上畫有月輪，金剛月輪上畫有蓮花，以蓮及月配理與智。又以「蓮月」互通理智。月上有蓮者，月有不亂攝持之義，此名理。月有明照，蓮有離垢，二用俱是配屬智。故知理中有智，智中有理，理即是智，智即是理。

所以金剛界大日以定慧作智契，胎藏界大日即以定印表之。若約居士而言，即身是極樂界也。樂是身受故，成佛是喜足天也。喜即心受故，則表安養「兜率」即密嚴華藏也。

「即身成佛」四字合為一題是顯理佛智身不二之妙體也。表示密嚴華藏是一心之蓮台。兩部一心是本宗之正意也。

「即身成佛」四字同通金剛界與胎藏界，即金剛部蓮花部。

《大日經》及《金剛頂經》，二部經釋此故，金胎本不二，身心常即一，理智互涉入，因果具相即也。

更以「即身成佛」四字配四種曼荼羅，又以「即身成佛義」五字配屬佛部、蓮花部、金剛部及法界體性智、大圓鏡智、平等性智、妙觀察智，成所作智之五智，涉有穿鑿之嫌，留待後之演義再述。

「即身成佛」有三種，所謂：「理具成佛、加持成佛、顯得成佛」。配中有六：「一者一心義」，所謂即身成佛乃萬法不二之源，一心平等之本，雖功德無量，唯「不二一心」也。「不二之佛」、「一心之佛」、是什麼佛之名呢？此正指不二門之佛法身大日如來，兼攝金胎二門之諸佛。無量之理事名之為一，不只遮二詮一之名也，可在密號名字去深察審思。

「二者二界義」，謂「即身成佛」是金胎兩部相應瑜伽之總名，金胎二界曼荼羅之全體。所以「如實知自心」號「即身成佛」，自心者，眾生之住心品，即一切智智也。顯乘云無色無形之自性清淨心，密乘名曰白色圓形之本有月輪，二界俱以心月輪表曼荼羅。

胎藏界則以九重之滿月輪，表內證九識之九尊，所謂：中央胎藏大日、東方寶幢佛、南方開敷華王佛、西方阿彌陀佛、北方天鼓雷音佛、東北方彌勒菩薩、東南普賢菩薩、西南文殊菩薩，西北觀音菩薩。

金剛界則以五部之圓明顯自證五智之五佛，所謂中央金剛大日、東方阿閦佛、南方寶生佛、西方無量壽佛、北方不空成就佛。

「三者三密之義」，「即身成佛」者，以本尊之三密「佛、蓮、金」加持行者之三業「身、口、意」，是故「即身成佛」是三平等之所成。眾善之果德是三秘密之所攝，所謂胎藏理德之佛是身黃金色，結入定之契印，金剛智身其色是白淨，持智拳印，即是「身密」。「即身成佛」之名言是「𑖀」字（胎界）「𑖪𑖽」鑁（金界）聲之言語，配「語密」。具不亂、攝持之理，含覺照、破暗之意，是云「心密」。「身密即佛」、「語密即蓮」、「意密即金」。

「四者四曼之義」，所謂「即身成佛」是「理、智」二法身之共體，「身、語、意」三密一曼荼羅之總稱也。白色、黃金之色是「大曼荼羅」，五大乃地（方）、水（圓）、火（三角）、風（半月）、空（團形）普遍之體即是「三昧耶（標幟）曼荼羅」，軌持、軌則之德曰「法（達摩）曼荼羅」，威儀事業之用名「羯摩（作業）曼荼羅」。

四種曼荼羅即是四法身也，一物中之「體、形、相、用」也。

「五者五部義」，所謂「即身成佛」者「五智」諸識之一身，五部諸佛之全體。三密通法界，六大普涉入，體備眾德，用及群類，則是佛部之義。捨邪向正，配「金剛部」之菩提心門。常滿眾願，令他愛喜，即配「牟尼寶部」之福德聚門。清淨明白，永離塵垢，即屬「蓮花部」智慧門之意。常精進不退、業用無方為「羯摩部」之大精進門。此五部即是五智、五佛也。

「六者六大之義」，所謂「即身成佛」是以六大之自性而成，意味著六大乃四曼之本體。六大法身之稱，即此也。

有金剛不壞等之義名為地大，具有大悲圓滿等之義謂水大，有覺照降伏等之義曰火大，有動作自在之義為風大，具廣大圓滿之義曰空大，有離邊處中等之義為心大。

此釋顯教所說之佛，有滯斷常之嫌，若非各寂，即為一團之二行故云也。

**問曰：諸經論中皆說三劫成佛，今建立即身成佛義有何憑據？**

**此有二意，一云：約「法相宗」和「三論宗」而有此疑問。**

依秘密釋云：「他緣大乘心」與「覺心不生心」二種法門，是捨身命而行布施，許妻子而與他人，經三大阿僧劫，行六度萬行，劫石高廣難盡，弱心易退難進，十進九退，此依據「他緣大乘心」與「覺心不生心」，所釋之經三劫成佛也。

依《請來表》云：「法海一味，器有頓漸。頓漸中有顯有密，乃至頓中之頓，密藏當之」。

又在大師問答錄云：「餘教之頓悟是根熟待時，頓入大乘也。

密教頓悟是初心之凡夫，此生證悟也」。

依此三文，一道清淨心，極無自性心之住心，即不經三劫也，華嚴、法華二宗雖亦立「即身成佛」之義，唯今真言宗義，尚勝餘宗耳。

一云：就四種之大乘生疑，《五秘密經》云：「若於顯教修行者，久經三大阿僧祇劫」云，二教論云：「告成三大為限」。《十住心論》云：「聲聞、緣覺的牛羊等車乘，遂迂曲而徐進，亦經三大無數劫，乃至如來與大小二牛示其歸舍」。《大日經開題》云：「華嚴、法華之牛，啼顯闕而未入，羊車、鹿車駕疲險路以數退，時歷三大，其道懸邈，位盡五位，其理彌高」。依此等明鑑，疑問通「法相唯心」、「三論中道」、「法華物心」、「華嚴十玄」四宗也。

《菩提心論》云：「諸教者他受用身所說之諸顯教也」。

**答：秘密藏中如來如是說，彼經說云何，《金剛頂經》說：修此三昧者，現證佛菩提。此指「大日尊一字頂輪王三摩地」也。**

《金剛頂經》說等者，此即《金剛頂一字頂輪王瑜伽一切時處念誦成佛儀軌》之文也。謂「大日尊一字頂輪王等者」，一字金輪是主大日的頂輪之德，心數之尊也。

然而今為「即身成佛」之憑據者，約心數即心王之全體，故禮懺云：「等」。或是據諸尊悉同大日，龍樹云：「諸尊皆同摩訶毘盧遮那佛身」。

又經云：「每尊同大日故一切眷屬亦同大日」。或約一門究竟即入普門法界，故疏云：「若諸行人乃至同於本尊，即是普入一切法界門也」。

依如是之意，以為「即身成佛」之證也。況既云現證佛菩提豈不然乎。雜問答及別本為「即身成佛」之誠證也。

大日金輪簡異釋迦金輪義也，一字即是字。三摩地者定之梵語，即妙覺輪圓之深禪，大智相應之勝定，非枯寂之禪定。經說：「三昧翻為止定者訛也」。《最勝疏》云：「三者是等，摩地云持，定慧均等，舊音訛故名三昧」。

問：《十住心論》云：「若云三摩地，此云等至，有什麼差別？」

答云：等持與等至何必異矣。

問：《唯識了義燈》云等持，是有心也，通定及散，等至是通目，有心無心定。《俱舍論疏》云：等持通定散三性之心，唯有心。等至通有心、無心定。唯在定不通散（取意），互有寬狹文義水火耶。

答：翻經之異非一，如三摩鉢底，餘師皆翻等至，宗家即翻均等，三摩地諸師悉翻等持，弘法大師譯為等至（應看為通散定），未知適從難以評定。又《金剛頂經》云：「三摩地者，正翻為等念，舊云等至。」

**又云若有眾生遇此教，晝夜四時精進修，現世證得歡喜地，後十六生成正覺。**

**謂此教者指法佛自內證三摩地大教王，歡喜地者非顯教所言初地，乃是自家佛乘之初地，具說如地位品中，十六生者指十六大菩薩生，具如地位品說。**

「若有眾生等者」，在《金剛頂瑜伽文殊師利菩薩供養軌》云：

「若有智者，依此教晝夜四時精進修，現在得成無上覺，後十六生成正覺」，即謂若有智者，修此瑜伽教可在十六菩薩生成佛。那麼如何證「即身成佛」呢？今云「生」者不是此死彼生之生，是一生之中證十六大菩薩之功德，故云「生」也。《理趣釋》云：「即於十六大生作金剛薩埵菩薩等，乃至金剛拳菩薩，最後身便成毘盧遮那身也」。比文説初地以上經十六生至最後身而成正覺，此釋已明矣。

《金剛頂經略釋》云：「若能受持思修，不經三大劫，十六生乃至現生證如來大覺位」。《理趣經開題》亦同此。此釋之意者，真言行者不經三大劫而并十六生，現生中證大覺位也。

若十六生非隔生者，何揀彼生云現生乎？十六生之文因為料簡非一，如前或呼證而云生，故《五秘密軌》云：「得身中一大阿僧祇劫所集福德智慧，則為生在佛家（取意）。又『雜問答』之中，以現證佛菩提等文為「即身成佛」之證文。以後十六生成正覺等文為「即身成佛」之憑據。

若爾，何故以此文來證明「即身成佛」耶？答有二意，一者謂雖小機，經菩薩生非顯教之隔生成佛故而為即身成佛。二者十六生有橫竪之義，顯為竪以時間論，密為橫以空間論也。

遲速各別故，十六次第證云竪，十六同時證云橫，《秘藏記》云：「真言之菩薩，或是十六之三昧一一次第證，或是與得一三昧共十六同時證之。」

約念誦者，以旋轉表同時證，正念誦時示漸次證也。真言教中亦有橫竪之「即身成佛」，即所謂十六德圓，名為大日，各宰一德云菩薩。所以十六同時證為凡夫直入佛位為橫，小機次第經十六之一一德，即十六生成佛為豎。

大機即身不經十六生成，即是橫，即是頓。十六生次第是約功德次第前後，故云現證、後證，非為生生世世的時分有前後也。應云彼一時故，俱有前後，云次第也。

次第證即是得一一三昧等也。此以《菩提心論》為證文而成此義。文云：「觀菩提心之月輪故，此身不經十六生即身成佛」。又《菩提心論》云：「夫會阿字者，皆是決定觀之，當觀圓明淨識，若纔見者，即名見真勝義諦。乃至卷舒自在當具一切智」。纔見者，漸次證也。月輪有十六分，一一漸現故也。常見者，頓證也，頓見十六分故也。彼論具文，若常見者，即入菩薩初地，密教所謂橫義，初地與十地無高下故云從凡夫入佛位，准此釋，頓證者，初地即佛果也。

「晝夜四時者」，五更至晨朝以為初時，從日中午後至於未時為第二時，自黃昏至中夜為第三時，從中夜至五更為第四時。念誦之時應無時間之分。但為適當之休息，都取初時、日中、午後，子午戌丑之時為休息時。

後十六生成正覺者，化他成道，故《文殊軌》云：「現世得成無上覺，後十六生成正覺」，既現世成覺之外舉十六生成佛，明現證自證，後成化他也。故知本來法然，證得毘盧遮那究竟位本初大普賢地自證成道而自受法樂，故名歡喜地，有義云：「現世證得觀喜地，後十六生成正覺」，即寄三乘證位初地顯頓成深旨也，而非指修斷所證之十地中歡喜地。

又云：「何故不云十八生十七生，定云經十六生？」

答：「經十六大菩薩生」，故云爾。又問：《文殊軌》云：「經十六生次成正覺」，《理趣釋》云：「作十六菩薩最後身成大日」，此等文似經十七生如何？

答：具有二意：

一云：第十六生有二刹那，謂初刹那如無間道屬於一門，金剛拳滿為後刹那屬於普門大日。

一云：第十六生同時二義，即一門圓滿，普門圓滿。所謂前十五德加第十六即是一門圓滿義；是又諸德圓極之位，更無可增，即亦普門圓滿義也。故知雖一門普門義說前後，云次成覺，實在同時更無別禮。故云：「十六成正覺也」。

具說如地位品中之地位品，或指《大日經》〈住心品〉，此品中說十地故也。另大疏云：「華嚴經地經一一名言，依阿闍梨所傳，皆須作二釋：若解金剛頂十六大菩薩生自當證知也」，「具說」者當指此文。

問：以十六大菩薩配十地如何？

答：《演密意》云：「十六大菩薩者從人論之，菩薩初地以上有十六位分，始從薩埵，終至於金剛拳，次第證入，生者所經時分也。」又另有義云：「若付深秘者，十六大菩薩於十地中，一一地皆證十六功德也，生者此十六菩薩從普賢薩埵心中出生故，若付淺略者，一一地中有妙修定慧恆觀察等十六功德，此又自菩提心生，故云生也」。此十六大菩薩，初云「金剛薩埵」者，初地大菩提心，融生佛而見一如之智，名金剛薩埵，薩埵是大有情，即是有堅固道心之人也；「王」者此人為一切眾生中王；「愛」者此人諸佛護念；

「喜」者大菩提心行，佛果萬德滿，於其心妙道之極，合此四菩薩為東方阿閦尊，是發心住主也。「寶」、「光」、「幢」、「笑」、「法」、「利」、「因」、「語」、「業」、「護」、「牙」、「拳」等四轉方便三句法文，五智菩提配以准知。至「金剛拳」位時，於眾生事業中（「業」），常著堅誓慈悲甲冑（「護」），摧破魔軍眾（「牙」），堅拳諸佛秘密門（「拳」）。

**又云：若能依此勝義修，現世得成無上覺。**

「若能依此」等者，此成就《妙法蓮華經》上瑜伽觀智儀軌文也。「勝義修」者，謂修諸法無自性勝義心行也。所以即身章云：「修勝義行者，觀一切法無自性」故《菩提心論》意云：「云何無自性，謂凡夫外道二乘及次第行菩薩皆如幻夢陽炎，所以不可信樂，必須修瑜伽勝上法，人能從凡入佛位者，亦超十地菩薩境界」。《大日經》云：「諸法無相，謂虛空相，作是觀已名勝義菩提心。」

**又云：應當知自身即為金剛界，自身為金剛堅實無傾壞，我為金剛身。**

「應當知自身」等者，此三摩地儀軌文也。

問：此文說五相中第四證金剛身說，非是第五佛身圓滿，如何證明即身成佛義呢？

答：五相成身者，謂法三羯之成身相，法三乃是自證，羯摩為化他。大師之意，金剛者智也，界者身也，若行者自身即作持堅固不壞薩般若智者身，即作金剛不壞法身之義也。

所以知文雖舉證金剛，實意含第五身圓滿眾相皆圓備也，如此則證薩般若義。《即身章》云：「阿闍梨集云：金剛者智也，如金剛堅固智；界者，身也，持金剛者身，身即聚集，一身聚集無量身；堅實者，如來智堅固不壞。」如來智者，一切智智，其乃堅固不壞，所以稱為金剛。分說亦即是五智、三十七智乃至剎塵智，此剎塵不可說金剛智微細法身集一佛身，故云一身集無量身也。行者現身作彼佛身，故云我為金剛身。

**《大日經》云：不捨於此身，逮得神境通，遊步大空位，而成身秘密。又云欲於此生入悉地，隨其所應思念之，親於尊所受明法，觀察相應作成就。**

**此經所說悉地者，明持明悉地（定境）及法佛悉地（入理）。大空位者，法身同太虛而無礙，含眾象而常恆，故曰大空，諸法之所依住故號位。身秘密者，法佛之三密（靈體之動態）等覺難見，十地何窺，故名身秘密。**

「不捨於此身」者，此《大日經》第三悉地出現品之文。『即身章』云：逮得神境通者，六通之一通；《婆沙論》云：於自所緣無倒了達、妙用無礙、無所擁滯，故名神境通，神為等持，境為行化，所謂所緣境界也。

「神」為等持者，勝等持曰神，能為神變之事故。「境」為行化者，境有行化之二，行中亦有三，一者運心，謂乘空行，二者勝解，謂遠方作近之思惟便速至也，三者意勢，謂遠方舉心即至，此勢如意乃云意勢。

化中亦有二，一者欲界化，謂色香味觸也。二者色界化，謂色觸也。此引五輪中「𑖮」訶字風論之說文，斯即行者觀「𑖮」訶字門，得此神通乘空而行之義，可為「即身成佛」之證者。疏云：即此現身皆得能成，謂昇虛空而神足變化；但疏家是就顯而說，宗家據隱而云也，故不相違。或云神通者，風大之功能，則法性「𑖮」訶字，法身之神通也。大空位即指法身大空位也。

「欲於此生」等者，此為《大日經》供養法卷真言行學處品之文。「持明悉地」在『即身章』云：「明持明（一門）悉地及法佛（普門）悉地。如何是悉地呢？」謂住菩提心即成就悉地，如何又是住菩提心成就悉地呢？謂第十一地成就最正覺也；如是悉地之中，最在其上，故經云：彼悉地更無過上。

第十一地即指毘盧遮那究竟位之大普賢地。故知今「住菩提心悉地」者，可釋上面之「法佛悉地」。疏云：「夫言成就悉地者，謂住菩提心也，此菩提心即是第十一地成就最正覺，為普門悉地也。」持明悉地者，有人云：今之五通仙等成就持明仙，故說持明悉地也，此為「一門悉地」也。

經云：悉地者，普門一門俱有，故云隨其所應。大疏第一有云：「行者精勤，不久成此仙身，更轉方便即成毘盧遮那。」若依此文，持明悉地何能即身成佛？有人云：不捨此身故說即身成佛，更有說是轉方便之心而非為轉仙身也。

然悉地不只此二種，此無上悉地以前，略有五種悉地。第一初信者，謂隨分能分淨諸根，深信如來之秘藏決定不疑，此乃是地前之信行，即是『即身章』中第一之「資糧」及第二之「加行」二位。第二入地者，謂入初歡喜地也；入有二義，一、是世第一，終入初地故，二、是初證解脫，通法界理故。第三者，謂了知世間五通之境，猶如幻夢，不可取著，爾時度五通仙人之地。第四者，謂觀察二乘之境界，心得無著，心不墮實際，爾時得度二乘之境界，到第八地也。第五者從第九地修菩提行道，轉勝進成如來位也。

然秘藏中之義復有異此，謂初歡喜地自有十心，從初心至第四心，得度五通之境界，從第五心至第八心，得度聲聞緣覺之境界，從第九心即是一向行善之菩薩修道，至第十心名為成佛。乃至第十地亦有十心，《大日經》〈住心品〉：有云「即凡有百六十心，一一轉勝可得知也。」此中又言悉地宮者，有上中下，上謂密嚴佛國，出過三界，非三乘人之所得見聞，中謂十方淨土，下謂諸天修羅宮等。若行者成就三品之持明仙時，安住如是悉地宮中。悉地者成就之義，大疏云：「謂不熟令成就，當於得悉地也」。

「身秘密」者，舉一顯三，謂舉身密，顯語密、意密也。例如佛種不斷，故釋三寶不斷也。或以兩部為身心時，金剛是成心秘密之義，胎藏即成身秘密之義。金蓮各有三密，亦可說成法佛之三密也。三密配三部時，身密者即是佛部，彼佛部之中即俱有三密也，顯示出三密互具之義歟。

「等覺十地」者，或顯乘中之等覺十地也，或云密宗之等覺十地，「因人」不及「果位」之境故，或又是華嚴之名為等覺，天台十地云，真言果地也。他緣大乘，覺心不生，是地前，故斯即顯密合論之意也。

**又龍猛菩薩《菩提心論》說：「真言法中即身成佛故，是說三摩地法，於諸教中缺而不書。」是說三摩地者，法身自證三摩地，諸教者，他受用身所說諸顯教。**

「真言法中」等者，此《菩提心論》之文，有疑者云：「華嚴說兜率天子即身證果海，法華述八歲龍女一生唱正覺」；加之《仁王經》云：「五千女人現身成佛」。《菩薩處胎經》明魔梵釋女於無佛世現身成佛；此等經文，眼遮耳滿，何說即身成佛乃真言不共談呢？

『華嚴五教章』云：兜率天子等一生即至離垢定前；另又解釋「證果海」：謂如彌勒告善財曰我當來世成正覺時，汝當見我；彼經疏云：以善財此生是修因身，未成果故，但「成果隔因」故說當見我。依此等語而言全非「即身成」義。法華之龍女者，妙樂大師釋云：『玄文第五「判為初住」，龍女亦爾，並名頓覺也。』既成「初住」分證成道之旨趣也，是以『雜問答』云：「覺悟圓一分之理邊，非究竟，此真言教得從凡夫直接入佛位也。」

於《仁王經》者，安然大師釋云：初住「即身成佛」，非妙覺之成道也，《菩薩處胎經》准之；或復諸經之即身成佛，依三密方便力，亦可認許諸經之「即身成佛」望於真言，猶屬二生成佛之義。真言法中之「即身成佛」經「菩薩生」故，知從凡入佛之「即身成佛」，偏是真言不共談也。

「缺而不書」者，安然大師云：「法華等軌說，真如法性之教，皆名真言，雖法華等皆說之，傳法菩薩缺而不書。」此不只是結集時傳法聖者秘而不書，能說教主亦秘而不說也。《寶鑰》云：「應化如來秘而不談，傳法菩薩置而不論」。

「是說三摩地法」者，《二教論》云：「謂諸教者，他受用身及變化身等所說法，諸顯教也。是說三摩地法者，自性法身所說秘密真言三摩地門是也，所謂金剛頂十萬頌經等是也」。等者，等取胎藏部之經故。安然大師云：「金剛頂及胎藏三摩地門之法。或金剛部之經非唯一故云等，今註釋中，但一身者，舉他受用顯變化身也。

**又云若人求佛慧，通達菩提心，父母所生身，速證大覺位。**

「若人求佛慧」者是《菩提心論》之文也。佛慧者，指一切智智，梵云薩般若，則是眾生自心品也，迷之名眾生，悟之號大覺，故大疏卷一云：「此品統論經之大意，所謂眾生自心品即是一切智智，如實了知，名一切智智」云。何以知之？疏云：「真言門行者，復越一劫，更度百六十心等之一重極細妄執，得至佛慧之初心」。故知初地淨菩提心之位，得一切智智之一分，故云佛慧初心也。

然初地得一分證安在乎？《大衍論》釋：「已入正位，內得正智，外得後智，一分智用與如來等（顯說）。」

若爾者，一切智通二智耶？良賁釋云：「一切智者，則證如智也，一切種智者，後得智也」。准此釋者，一切智唯屬正智也，今謂不爾，一切佛具五智，乃至剎塵智，故云一切智，如下辯（密說）。大圓鏡智等是通二智故，具如相宗所說（顯）。「通達菩提心」者，有人云乃五相之中，通達心也。謂此心得自證成佛，後之四相是果後方便化他門也。

或又云乃五相之中，二相也，謂通達心與菩提心，前者是顯，後者是密，以心字而貫二讀之，今謂不爾，通達三種菩提心，修行兩部曼荼羅，不捨一生之身，頓證萬德之位也，亦可證三摩地之菩提心，兼通二種也。故秘密釋中，於三摩地菩提心立大菩提心之稱耳。

**依如是等教理證文成立此義，如是經論字義差別云何，頌曰：**

「依如是等」等者，引憑經論具教證及理證二義，故云教理證文也，所謂隨應以分明文而為教證，以微隱説而為理證。如是教理證文成立此義也。

「如是經論」等者，上雖以教理論「即身成佛」，但未明「即身成佛」之字義，故下釋彼字之義？因之料簡科分一部文，文分為二：

第一是教理證文，後是字義差別。

第一之中有二，初是問，後者答，答中有二，初引證，後釋成。

初中又二，初經證，後論證。經中又有二，初金剛部，後胎藏部。

第二之字義中有二，初問，後答。

初中有二，初偈頌，後散釋。後中又有二，初總釋，後別釋。或又分為二，一問，二答。答中有二，一教理，二字義。二門之子段如先配之可知也。

此中「字」「義」者，字是能詮，義即所詮。事即義，故論記云事即字義也。

二頌八句歎即身成佛。

六大無礙常瑜伽（體）　四種曼荼各不離（相）
三密加持速疾顯（用）　重重帝網名即身（無礙）
法然具足薩般若（成佛）　心數心王過刹塵（無數）
各具五智無際智（輪圓）　圓鏡力故實覺智（成佛）

釋云：此二頌八句以歎「即身成佛」之四字，即是四字含無量義。一切佛法不出此一偈頌故，略樹兩頌顯無邊德。頌文分二：

初一頌歎「即身」二字，次一頌歎「成佛」兩字。

初中又四：

初一句體，二是相，三是用，四是無礙。

後頌中有四：

**初學法佛成佛，次表無數，三顯輪圓，後出所由。**

六大無礙等者，惠果之頌也。或私抄云：「八祖相傳鐵塔中之文」。（私按：鐵塔者心也）

問：以此頌相配三種「即身成」之方法如何？

答：『別本』云：依初頌之四句，立「加持」之「即身成佛」。依次頌之前三句，立「理具」之「即身成」。依次頌之後一句，立「顯得」成佛。

問：何故云：「理具」、「加持」、「顯得」等三種成佛？

答：『別本』云：一切眾生自心中之金剛、胎藏、曼荼羅是遠離因果（本有）法然具，故云：「理具即身成佛」也。由三密加持自身本有之三部（佛、蓮、金）諸尊（基因德性）速疾顯發，故云：「加持即身成佛」也。

依三密（身、口、意）之修行已成就故，即心具萬行，見心正等覺，證心大涅槃，發起心方便，嚴淨心之佛國，從因至果，以無所住，住於其心，如實覺知，名「顯得即身成佛」。

問：法然之理具本圓滿，而為煩惱所覆不覺知故，先可說「理具」，修三密之學，觀此「理具」故；次可說「加持」，修行圓滿故；後可說「顯得」也。故彼之上文，列三種時，「理具」、「加持」、「顯得」，有次第也，何先說「加持」乎？

答：所難次第誠可然也。今次第又非無其理，謂「修三密行故，悟法然之理具」。此覺圓滿即顯得心佛也。

（註：體相用者，六大遍情非情，為能生之體，四曼通三世間，為所生之相，三業（身、口、意）是能生、所生上的業用，故云爾也。）

初舉法佛成佛者，此明本來法然之理具成佛義也。『別本』云，次頌一句是，本覺佛之成菩提也云。

謂六大者五大及識，《大日經》所謂：「我覺本不生」，「出過語言道」，「諸過得解脫」，「遠離於因緣」，「知空等虛空」，是其義也。

彼種子真言曰：

𑖀(阿)𑖪𑖰(尾)𑖨(囉)𑖮𑖳𑖽(吽)𑖏𑖽(欠)𑖮𑖳𑖽(吽)

為阿字諸法本不生義者，即是地大；嚩字離言說，謂之水大；清淨無垢塵是則囉字火大也；因業不可得者，訶字門風大；等虛空者，欠字相即空大也；我覺者識大；因位名識，果位謂智。智即覺故，梵音，𑖤𑖲(沒)𑖠(馱)𑖤𑖺𑖠𑖰(菩提)，一字之轉也。

**𑖤𑖲(沒)𑖟𑖿𑖠(馱)名覺，𑖤𑖺(菩)𑖠𑖰(提)曰智，故諸經中所謂𑖭𑖽(三)𑖦𑖿𑖧𑖎𑖿(藐)𑖭𑖽三菩提者，古翻遍知，新譯等覺，覺知，義相涉故也，此經號識為覺者，從強得名，因果之別，本末之異而已。**

五大及識者，『別本』云：「地水火風空識是名六大，乃至此六大遍一切有情非情故名大」；言其形色者，地乃方形黃色，水呈圓形白色，火為三角形赤色，風是半月形黑色，空謂團形青色。於識大者有二意，一不立形色，即顯密常途之施設，一依此宗有形色，謂白色圓形也。故釋云：「體是潔白之體，形相如滿月」。行者觀心月輪，現明白即見性。

更問：我覺本不生等者，此是《大日經》第二卷具緣品之文也。

疏第六云：「次有二偈，明菩提之實義，我覺本不生者，謂覺自心從本以來不生，即是成佛，而實無覺無成也。出過語言道者，從此以下皆是轉釋阿字門」。依此釋唯說「阿」字門，何今釋五字之義乎？

答：且准弘法大師《法華經釋》之十六玄門，宗家以「𑖀」等四字，轉釋「𑖀」阿字，多字釋一字之意也。疏家以「𑖀」阿字之一字而釋五字，此一字釋多門之義也。此二釋斯即相成而非相違也。餘門准之。又即身成佛有大小二機，二機各有利鈍。疏家是依大機之利根橫觀；「今是就大機之鈍根豎觀，故頓悟成佛之秘觀云：謂大機利根者，直入法界體性三昧，橫觀法界即身成佛……本有之「𑖀」阿字是所觀之體，本不生智能觀之體，能所一體，心一境性覺本不生之理，言語道斷；覺本不生之理，諸過得解脫；覺本不生之理，因業不可得；覺本不生之理，等虛空不可得也；能觀是緣慮之一心，所觀是字相之一境，能所一體，證空理時，即身成佛，此橫觀三摩地也。大機鈍根是豎入法界體性三昧觀，觀本有五輪之種子字，「𑖀」阿字本不生故，「𑖪」字言語不可得，言語道斷故，「𑖨」囉字染淨不可得，得解脫故，「𑖮」訶字因業不可得，得無自性故，「𑖏」佉字等虛空不可得也。首尾俱亡，見本心時「即身成佛」，此名漸豎觀。」「𑖤𑖲」沒「𑖠𑖿𑖠」馱「𑖤𑖺」菩「𑖠𑖰」提等者，是皈命句，即「識」大也，謂六大中以識大為總，以五大為別，以總為皈命之句，例如《大日經》說四字真言，第五字屬皈命之句也。但舉第六「𑖮𑖳𑖽」吽字者，識大，亦示通別義也；猶如十梨耶之中，總識含總別二義。又初四字是或本無也。《心月輪秘釋》云：

「密言六大者，「𑖤𑖲」沒「𑖟𑖿𑖠」馱「𑖤𑖺」菩「𑖠𑖰」提，「𑖀」阿「𑖪𑖰」尾「𑖨」囉「𑖮𑖳𑖽」吽「𑖏𑖽」欠「𑖏𑖽」給是也。具如「即身成佛釋」云。

問：何故「𑖀」阿字等為四大種子耶？「𑖮𑖳𑖽」吽字為二大種子乎？

答：或云法本不生是不可壞之性，故為堅性之種子「𑖀」字；軟語有愛潤之功，法水潤眾生故，水大為種子「𑖪」字，𑖨字之智火是燒煩惱之薪，其義可知；𑖏字等虛空之義如文易知也；𑖮字風有成熟之功，因業成熟果故為風大之種子𑖮𑖳𑖽字則菩提心為因之義，故為心大之種子，故『即身章』云，𑖮𑖳𑖽字是因義也，乃至！菩提心為因之義云也。

問：若爾𑖀字應為二大（物質、精神）之種子，故經云：阿字者是菩提心之義也。論云：即讚阿字是菩提心義如何？

答：其義亦爾也，是故《秘藏記》云：「毘盧遮那經（大日經）吽字為金剛薩埵之種子，金剛頂經，以阿字為金剛薩埵之種子。」金剛薩埵者菩提心也。

問：依何義以文字為種子乎？

答：先德釋云：「𑖮𑖳𑖽吽字即識大之種子，一切之心識皆從此字而生故。」又義云：《隨聞記》云一師曰隨本尊之身色種字亦不同；一師云：隨義不依身色。今按初之師是從青色之字成青色之形，後師是依深義，謂金色之阿字變成月輪，赤色之字變成白毫也，此義阿字等即變成三昧耶身等故為種子。又義云：大師之釋云何故文字云佛種子，對佛者覺也，能因覺知此字門之理證佛果，故字云種子；佛智微妙，覺一切故，名為覺者，何以世間之假有文字，為佛之種子，此事顛倒，未知字門實義之人，生顛倒想，此名凡夫，已證字門的如如之人，即永離妄想，此名佛陀，其意如何？對此字不是世間的假有之字，是即法然本有之字也。此約生覺因義故云種子也。先師云：約阿字等有詮顯之義，云種子也。准相宗之名，言種子，今亦應聞阿等之名言所熏成，故云種子（相宗熏成）。但彼云乃有為，今則不爾，法然本所有之法也（密宗法爾本有）。

問：六字是所生法曼荼羅，何為六大之種子耶？

答：義門不定故，互有能所歟。或如證自證分緣自證分，及本相之相隨相也。又於阿字等形色等，屬所生之相；堅濕等為能生之體，故知無能所而能所也，誰能誰所勿執定別，故《大日經開題》云：「能造阿字等是遍法界而相應，所造依正比帝網而無量，雖此不往，彼不來，然猶法爾瑜伽故，無能所而能所也。」為阿字等者，先釋頌之初句本不生三字也。『即身章』云：「又不生者是一實之境界，即是中道」，即字義也。《字母釋》云：「訓無不非」，是字相也。

問：字輪觀等，諸法本不生是不可得，本不生是非字相乎？

答：《秘藏記》云：「尚留中道又說中道不可得（取意）」，縛字等者，釋第二之句，以離釋出過（字義），以言說釋語言道（字相）也；清淨等是釋第三句，以清淨無為，釋得解脫（字義），以塵垢釋諸過（字相）也；因業等釋第四句，以因業釋因緣（字相），以不可得釋遠離（字義）；等虛空等釋第五句之下三字（字相），知空有二意，一者，𑖏欠字義，指諸法之空理故，『章』云欠字知空等虛空者空大也。既不云字相，此一句亦有字義；「知」乃是心智之用，應屬識大，故今空大除之，我覺者釋初句之二字也。

問：何初文後釋乎？

答：色心不二故，即示前後無定，或是識大遍五大故，為顯覺字，貫至下之五句讀之。

因位名識等者，轉識成智之義也。依顯乘者，轉有漏之八識，得無漏之四智，故《唯識論》云：「又有漏位中，智劣識強，無漏位中，智強識劣，為勸有情依智捨識，故說轉八識而得此四智品。」五八識是唯至佛果，成無漏故。圓鏡成事佛果初起，唯本有之生也。六七之二識是初地成無漏，故妙觀平等是初地初起，亦有新熏之種也（顯教）。

此宗不爾（密宗），轉因位之九識得果位之五智，故『即身問答』云：「智果時名，因時名識，轉菴末羅識成法界體性智，轉阿梨耶識成大圓鏡智，轉阿陀那識成平等性智，轉第六識成妙觀察智，轉前五識成成所作智（取意）。」

問：轉九識應成九智，何云五智乎？

答：『章』云：「轉五識時可成五之成所作智，乃至但五智之用等故，一成成所作智」云。

問：然宗意不立八識四智。

答：立之。

問：若爾顯密何殊耶？

答：密之八識四智攝法界體性智與第九識。顯即不然也。

問：攝方云何？

答：《心月輪秘釋云》：「約橫義者，一一心識（智）各各相攝，依豎義攝大圓鏡智，收第八識」云。一字之轉者，𑖤𑖲𑖟𑖿𑖠沒馱二字是𑖤，言說不可得之字文體，加𑖄污字流注不可得字摩多，呼之有「沒」之聲也，𑖟𑖿𑖠馱者，𑖟搭（施予不可得）字，重𑖠多（法界不可得）字，加𑖫（寂靜不可得）字，韻呼之云（馱），今云菩提也。𑖠地者字體文，加𑖂伊（根本不可得）字，韻呼之「提」（地）之聲也，謂陀字之體，或加阿點云（馱），或加伊點云「地」。故云一字之轉聲也。

問：疏云：「約佛陀義，有無量持金剛者；約菩提義，有無量差別智印」云。依此釋云「沒馱」是能覺者，是人也。冒地是所覺，即法也。能覺所覺為沒馱冒地，佛陀菩提。故安然云：「沒馱正云覺者、能覺者，冒地正云覺也，是所覺法，乃至諸文分明，故知彼成佛義誤矣。」

答：有人云：「於一字轉聲有通別，約字體同相通，據轉聲之異義別也。今一字之轉者，就體文之字體同，俱之二字故相通也。故疏云「成佛者具可云成三菩提」云。但今出疏釋，依轉聲之異簡別義也。而彼安然不知通義，偏執別義，何而云誤，此言甚誤。從強得名等者，謂識及智約因果位，各有強劣故。『即身章』云：「因位識用強，智用劣；果位智用勝，識用劣」云。

又識是心王，故名為本，智是心所，故名為末，故知今從果位之末智，強而得覺名也。

**此經偈是約五佛三摩地作如是說。**

「約五佛三摩地」者，章云：

問：阿尾囉吽欠者何？

答：此約五佛三摩地言，作如是說。

問：五字配五佛者，如何？

答：五字配五佛者，《五輪秘釋》云：「𑖀是賴耶，則大圓鏡智，東方寶幢如來、阿閦佛、藥師如來，配東方色青；𑖪𑖰是意識，則妙觀察智、轉法輪、無量壽，配西方白色；𑖨是末那，平等性智、開敷華王佛、寶生佛、多寶如來，配南方色赤；𑖮𑖳𑖽是五識，成所作智、不空成就佛、釋迦佛、天鼓雷音佛，配北方黑色；𑖏𑖽是菴摩羅識，大日如來、法界體性智，配中央黃色，此善無畏所傳。又𑖀字中央黃、𑖪北方黑、𑖨字南方赤、𑖮𑖳𑖽西方白、𑖏𑖽東方青，此不空三藏所傳。前者即依智德而言，後者以理德而言，有五行學之說，即[illegible]是宇宙中央之總體如大地屬黃，[illegible]是北方屬水屬黑，[illegible]是南方屬火赤；[illegible]是西方金白色，[illegible]是東方木色青之意。

於識大者有二意，一是心月輪上安布五大，故所依之月輪攝能依之五大，而不別開也，猶如四印會，別不立大日也，四佛即全體大日故也。

二者五大各不生，即應「我覺」之義，五大是所覺不生之法，能覺即不生之智，故不別立。

**又《金剛頂經》云：諸法本不生，自性離言說，清淨無垢染，因業等虛空，此亦同《大日經》。諸法者謂諸心法也，心王心數，其數無量故曰諸（基因德性無量無邊、是法爾本然非後生，故**

**本不生），心與識名異義通，故天親等以三界唯心，成立唯識義，自餘同上說。**

「諸法本」等者，此是三摩地儀軌之文也，即五字旋陀羅尼之功能也，以上所引，金蓮次第（儀軌），謂兩部是理智因果等之法門也，顯示依智顯理、依理起智之義等也，或兩部一心故，二界無定前後也。「故天親等」者，意云天親及護法等論師，以《華嚴經》三界唯心成立唯識義，故心與識名異義同，但於天親之唯識頌者，未引其文唯依經意。例如馬鳴之摩訶衍者總（依大覺經八種身法故），唯識論之第七云：「由何教理唯識義成？如契經說，三界唯心，此等之正理誠證，非一也，故於唯識應深信受」云。又慈恩之唯識章，立五重唯識時，以三界唯心之文證也，捨濫留純識也。今言等者，等取護法慈恩歟。「自餘同上說」

者，謂以本不生等文配自餘五大，同上釋《大日經》也。

**又《大日經》云我即同心位，一切處自在，普遍於種種有情及非情，𑖀阿字第一命，𑖪字名為水，𑖨囉字名為火，𑖮𑖳𑖽字是名為風，𑖏字即同虛空（應謂𑖀𑖪𑖨𑖮𑖏）此經文初句。我即同心位者，所謂心則識智也。後之五是五大，中三句即表六大自在用無礙德，《般若經》及《瓔珞》等亦說六大之義。**

又《大日經》等者，此第十六卷真實智品之文。上雖兩部之經，明五大之字義，而未示五大之種子，此文之來由也。此中吽字名為風者，經之正文吽字名忿怒云。或外書云風是天地之怒，謂風輪之尊忿怒形也，故無相違。故疏十七云：「次想𑖮𑖳𑖽吽字即一切忿怒持明也」云。又疏十二云：其半月有大威德威光之像，黑焰遍出於外，作風吹動之標幟，惡謂其像作極忿怒形也。言此但是風輪之尊，非降三世也，其像亦作深青色」云。

所謂「心則」等者，疏十七云：「謂其以𑖀」阿字為心故，遍一切自在而成。言此𑖀阿字不異我，我不異𑖀字也。乃悉遍於情非情法，此諸法以𑖀阿字為第一命也。」既以阿字為心位，何必釋識、釋智耶？謂阿字本不生之性，即是菩提心之大地故，疏家合為五大，宗家是開為六大也。

「表六大自在用」等者，此三句之中，初第一句（為我即同心位）是明自在之用，後之二句是述無礙之德，謂以此三句，貫下至五大，文讀之，上之「我即同」三字，同貫之耳，意云：「我即同」於𑖀阿字第一命，而一切處自在，普遍情非情也，餘准此可知。此中「我」者，大日尊之自稱歟，或指行者歟？安然釋此文云，即行者菩提心遍於情非情，似指行者也。

**如是六大能造一切佛及一切眾生器界等之四種法身、三種世間，故大日尊說如來發生之偈曰：**

**能生隨類形，諸法與法相**
**諸佛與聲聞，救世因緣覺**
**勤勇菩薩眾，及仁尊亦然**
**眾生器世界，次第而成立**
**生住等諸法、常恆如是生**

**此偈是顯現何義耶！謂表六大能生四種法身、曼荼羅及三種世間。謂諸法者，心法；法相者，色法。復次諸法舉通名，法相者顯差別，故下句云諸佛聲聞緣覺菩薩眾生器世間次第而成立。**

**復次諸法者，法曼荼羅，法相者，三昧耶身，諸佛乃至眾生者大曼荼羅身，器世界表所依土，此器界者，三昧耶曼荼羅之總名。**

**復次佛菩薩二乘者，表智正覺世間，眾生者眾生世間，器世界者即器世間也。**

**復次能生者，六大也，隨類形者，所生法，即四種法身，三種世間是也。**

「如是六大」等者，上已明五字為五大之種子義，而未示六大生諸法義，故今引發生偈顯此義，此《大日經》第五秘密曼荼品之文。

經云：「以一音聲法界語表演說如來發生偈文」。疏云：法界者心也（指心所法），一音即是阿字之門，輪轉無窮等虛空滿法界也，三世諸佛皆從如是妙偈中生，故名如來生。今從此一音之門而說妙偈，普令無餘世界平等聞知，隨類得解，故以為名也。」今章之意謂說六大法身，能生四曼三世間之義。故云如來發生偈。

或發生者，曼荼羅之漢號，故『別本』云：「曼荼羅者，亦名發生，乃至發生如來無量功德，名發生」云，准此可知此釋之頌說如來四曼功德故云爾也。

「救世因緣覺」者，救世是大悲功德，何為緣覺自利之行？故知今文存亂脫歟！然則應迴屬佛菩提，真言之書必顯應須師授故，疏等之中多有亂脱也。或云緣覺有神通度人之義故云世歟。疏牒經云：及諸緣覺救世菩薩，勇進如佛亦然云；此文通二義，此救世勇進，或屬上或屬下，讀文有異。「仁尊」者，疏云：

「一生補處之位」。等覺之菩薩似同如來故云仁尊，故疏牒之文，如佛亦然即此意也。

「謂表六大」等者，謂於此頌有總別之稱，諸法之下即別釋，於中有五，謂一是正釋及四復次也。

初之總釋中，四種法身曼荼羅者，「四種」兩字之下，謂四種法身與四種曼荼羅也，故《秘藏記》釋此文云：「或又不然，四身即四曼故」。

問：四種法身與四種曼荼羅相配如何？

答：四曼之義，『口訣』云：「於此有三意，初意法曼荼羅、大曼荼羅、羯摩曼荼羅、三昧耶曼荼羅，如次自性身、受用身、變化身、等流身也。次意大、三、羯、法等如次配；自性身、受用身、變化身、等流身也。後意三、法、大、羯等如次配：自性身、受用身、變化身、等流身。」

私加一解云：「大曼荼羅之中既有四身，准知餘三亦應爾。故知四曼各有四身，又四身俱有四曼故歟。」

「謂諸法者」等者，或義云：謂色心之中，心法勝故而為所依之體，故云諸法。色法劣故而為能依之相，故云法相。今謂不爾，心者識大合四蘊故名云諸法，色者色蘊，開為五輪，故云法相。謂能所不二故，即是六大法身也。故知一切眾生之色心實相是無始本際毘盧遮那之平等智身也。色心俱法佛法爾何有勝劣！若依此釋，「生」之字但被第二句讀之也。色心是四曼之體故，或被下諸句無違也。

初復次「通名」者，諸法是色心之通名故，佛菩薩等是諸法之別相，故云法相。此法相者，諸佛與二乘、菩薩眾及仁尊亦然也。依此釋者，「生」之字唯貫諸法讀之。

第二復次之意，法是軌持軌則，故云法曼荼羅，三昧耶是諸法標幟之相，故云法相。依此解釋者，「生」之字貫諸佛乃眾生之文讀之。

「及仁尊亦然」者，補處之菩薩故，疏上牒偈云：諸佛聲聞，及諸緣覺救世菩薩勇進，如佛亦然，等覺菩薩似佛故，別舉對諸菩薩云亦然也。但無羯摩之配者，別本云：羯摩曼荼羅各各具云。私加一解云，器世界是三昧耶，法相者羯摩也。威儀事業即法之表相故，二曼如文。

第三之復次，二乘屬智正覺，違釋論。智正覺世間者，謂佛菩薩云，釋如何！

謂彼論記云：「聲聞緣覺是通於三種，由互相對義不定故。」

意云，望於「異生」屬智正覺。對佛菩薩攝眾生也，又攝邪定故屬眾生，同正定故為正覺也。

各攝一義故無違也。

問：佛是出世，何云世間耶！

答：同記云：「雖佛出世相對立故云」，意云對待眾生世間等故，但名世間。或對真門、世間門攝故云世間（世間門攝真門）。又彼論之疏有三義，名世間，謂可破壞之義、隱覆之義、生滅之義也。俱如彼說。

私加一解云，准法藏之釋世間淨眼，云世者時也，間者中也，所謂越三時如來則持之時中，四曼三世間之諸法顯現故，名世間也。

問：又有相配四法身義耶！

答：然也。《秘藏記》云：「諸法與法相之句者，配「自性身」。諸佛之二字配受用身。自聲聞乃至仁尊配變化身，眾生之二字配等流身。」

問：於一文作異釋是論師人師之定習，而正釋僅釋第二句，第三復次但釋中間之六句，第四之復次偏釋初句，三釋合成一頌之釋，何謂別釋乎！況指故！故秘記之中作此釋，何闇分明別釋，猥以一種之釋，為三釋乎！又何故不釋終之二句乎！

答：大師之釋義是文約義豐為要，是故正釋之意是色心為十界依正之通體故，於別相之釋者，同第二釋故不釋也。第四釋亦總句之文，讓初二釋故別不釋也。但於別相釋者，初二之釋是未必配三世間，故與第四異也。次第五之釋是為總句故，雖通前四種釋，非無別義。以第二句以下，或配四種身，其說見《秘藏記》云，即四種法身此意也，又配三世間，然與上釋異也。以諸法乃至仁尊為智正覺世間，釋三種世間顯此旨也，故謂別釋也。理實可謂六種釋歟。

次於下二句者，讓《秘藏記》可不釋歟。故《秘藏記》云生住等諸法配三種無常世間；常恆如是生，配三種無常往世間，故知此二句，顯四曼三世間之諸法，具常無常之二義也。斯即常則無常，無常則常也。不思議之常，不思議之常故。故疏云，諸法雖從因緣而生，因緣無相也；雖從緣起，法本不生也。雖從緣起滅，無生住之相是故為常，非同外道之見也。

能生者六大也，疏中述諸法皆由𑖀阿字之理而生，謂有三品之生，上品是生如來法身果體，中品是生諸佛菩薩二乘，下品是生有情及器世間也。何今為六大生諸法之證乎！謂即身章云阿字與六大所生法，故爾云。

私加一解云：六大生之性，悉歸阿字不生，故無違。六大即一大靈體分析一體中，具心識與物質因，強名阿字，為本來常住，不曾生不曾滅。

諸法有二，一是心法、二是顯現之相，其體曰性，諸法即性之顯現，生滅相即其性之功能，諸法之現象各有其基因，此基因即如來功德也。其無量基因在無常之力互撞隨緣之組合中，顯現各不同性基因，是為種子，種子生滅中現其不同性相，於中由因緣而加減成科別，出生森羅萬象，但其一體之阿字是不變常恆者也。如演戲之人(阿字)不變，飾出之形相有變，飾出之形相乃無其實，戲論也。演出之人即無戲論性也。

迷者見其假相，未見其本來面目，識此即名見性。

# 真言密教　即身成佛義顯得鈔　中卷

賴瑜撰　悟光潤

故次又言：秘密主，有造曼荼羅聖尊分位、種子、標幟，汝當諦聽，吾今演說，即說偈曰：

真言者圓壇，先置於自體，自足而至臍。成大金剛輪，從此而至心，當思惟水輪。水輪上火輪，火輪上風輪。

謂金剛輪者，「𑖀」阿字。阿字即地，水火風如文可知。圓壇者空，真言者心大也（私案：此遍宇宙故曰大，即六大也。）長行中，所謂聖尊者大身（私案：六大宇宙靈體之大身也），種

**子者法身，標幟者三昧耶身；羯摩（作業）身者，三身（大身、法身、三昧耶身）各各具之。具說者，經文廣說之，臨文可知。**

「故次又言」者，自下之二文，亦證六大為能生義故。然於此中，兼顯以五字「𑖀𑖪𑖰𑖨𑖮𑖳𑖽𑖏𑖽」置一體方「𑖀」之上也，此即曼荼羅品之文。凡阿闍梨欲建立大悲胎藏，建立弟子時，當先住於瑜伽而觀自身，從臍以下當作金剛輪，地大阿字方形，其色黃而性堅。次從臍以上至心當水輪，水大嚩字圓形，其色白而性濕。從心以上至喉當作火輪，火大囉字三角形，其色赤而性煖。從咽以上至髮際當作風輪，風大訶字半月形，其色黑而性動。從髮際至頂當作空輪，空大佉字，其形團形，其色青而性無礙。最頂上一點雜色光置於合縫上，表識大𑖀字，其實識大遍及五大。

此五輪形，正與身分相稱也。

正報

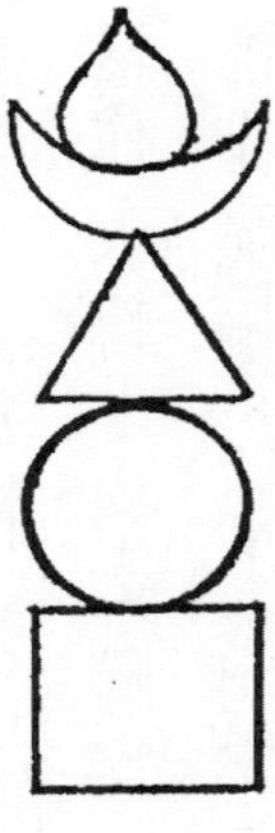

次觀壇地（即地球），即將此五輪翻倒置觀，最上金剛輪（即地），金剛輪之下作水輪（即地下有水），水輪之下火輪（水下有火），火輪之下作風輪（火之下有風），風輪之下作空輪（虛空）也。

此地球器世間
皆五大所成也
依報

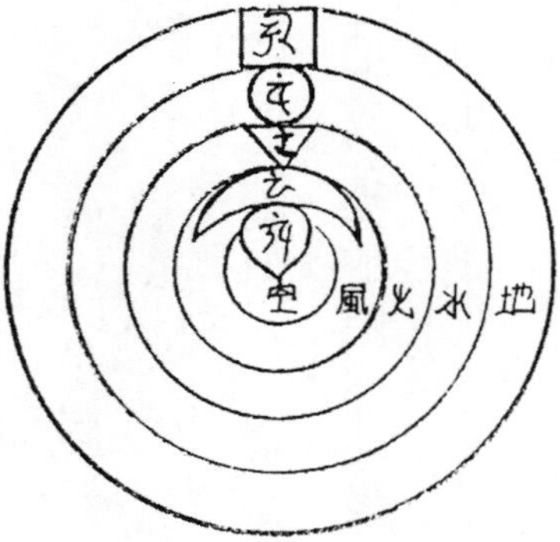


一切世界(時空)皆是五輪之所依持，即是曼荼羅之安立次第也。有人解釋經文云，圓壇(於)先(津)自體(仁)置(遣)是空輪置頂之意。或云：圓壇(仁)先(津)自體，(於)置(遣)即諸法以空為座之義，是依報也。今為不爾，依正之五輪，依正合論故，次第不以謂依報舉下空輪顯上之四輪，正報舉下四輪示上之四輪也。謂依正互顯，而依報之五輪上置正報之五輪義也。

## 正報是依報所顯

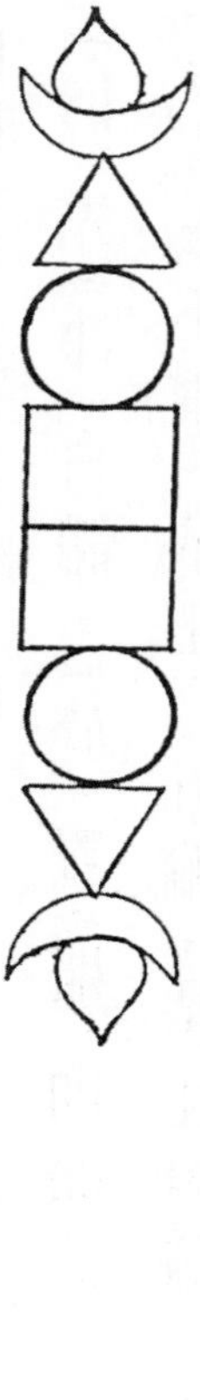

五輪各具眾德故名輪。又《秘藏記》亦說：「腰下念「𑖀」阿字是地輪黃色，臍念「𑖪」尾字是水輪白色，胸念「𑖨」囉字是火輪（日）赤色，髮際念「𑖮」吽字是風輪黑色，頂上念「𑖏」欠字是虛空青色（念即想念，口念亦是心所使，有聲無聲皆是念）。」

阿字本不生理之種子（基因），藏種於地輪（心），則待水土之緣（外緣）即生芽，是故有水輪（助緣），雖有水土之緣，必待日光煖氣（增上緣）得具根莖葉，是故上有日輪（火輪），雖有水土日輪之緣，必待風力得具生長（長養之德），是故有風輪，雖有水土日風，若果皆悉堅實何能生物乎？是故最上有虛空，一切萬物悉皆由此而生，所謂五輪五字嚴身也。

當知五大若缺一種諸法不成，是即直以真理，佛之五大嚴行者之心身也。故疏云：「隨行者以無住之心所修萬行，即由大悲之地界所執持故，大悲之水界所滋潤故，大悲之火界所溫育故，大悲之風界所開啓發生故，大悲之虛空界不障礙故，爾時無量之度門任運開發，由芽莖枝葉次第莊嚴，即是於一切之心法，具足因緣之義也。」因是理具之本然基因德性，無因緣不成，無緣因不長，因緣和合方成諸法。

無住心者，淨菩提心也，因緣中之內因也。自己功德力、如來加持力、法界力之三力中的法界力也。

自己功德力是智德，如來加持力是理德，菩提心是法界力，即理智不二的本有之心故，宗家判「𑖀」字不生，論家判釋本覺內因，斯則生佛之實相也，同是「毘富羅法界宮」故云法界力也，所修萬行者，外緣有二，其中自緣，即自之善根力也。

大悲地界等者他緣也，即如來加持力，故知三密之菩提是依三力五大之因緣，專所成故，結云具足因緣。

所謂若行者，有住著之心，不發淨菩提心，若不發此心，我法二執之前何作佛事。有無住之淨菩提心故，與供養雲海，一華一香遍法界，而普作佛事，發起悲願迴向群生，拔苦予樂，是故如來大悲之地界等所執持也，即依如來之加持力故，以「𑖀」阿「𑖪」嚩「𑖨」囉「𑖮」訶「𑖏」佉之五字安布自身，以佛之五大莊嚴我身也。依行者立名則頂輪、面輪、胸輪、腹輪、膝輪也。

金剛界的精神方面（智）即以「𑖪𑖽」鑁之一字成五輪，胎藏界物質方面（理）即以「𑖀𑖾」噁之一字現五輪，或五字共成五輪。若約行者，以白淨信心為五輪之種子，是名淨菩提心，亦云如實知自心。豎有十重淺深，橫有塵數之廣多，先覺云，「𑖀」字本不生之性為菩提心之大地（智是心為大地，理是含藏基因之大地），大地有濕性，從此「本不生」之大地生大悲滋潤「𑖪」嚩水，從此滋潤「𑖪」嚩門之萬德出生，其性本淨離垢污塵染是「𑖨」囉字門之智火，以上本不生相應之悲智所成諸行（法），即大涅槃之因業（基因功能）也即「𑖮」訶字風大（長養）之義，此業悉歸大空性（容納）故，一切法無有局礙，性相清淨，萬德之性皆備，故悲智之萬行同於法界，平等平等，為「𑖏」佉字之空義，此等之義門請好好留意也。

「真言者圓壇」，心大也者，或云舉能具之人，取所具之心。

私云：約心法顯境名真言，例如顯境、名、言也。

唯識云：「顯境名言，即了境之心、心所法也」。又義云：「大師說，真者真如之理，言者實相之智。龍樹又以體相二大之理智，判所依心法，故知真言即心大也。

「聖尊」者大身，經中分位之文無配釋，分位者分限差別之義，三曼荼之分位異故，或各各之相好、種子、標幟別故，此文通三，故不配釋；而『即身章』屬聖尊者，且約初之相好也。有人例舉相宗之不相應釋三分位，羯摩（作業）通三故，以分位為羯摩者甚不對也。分位即是「色心」之上假立，威儀事業是表色所收之實法，故五蘊之中「色行」二蘊所攝，五法之中，色不相應所收，假實成水火，何以分位為羯摩耶，此標幟者誌之義，即以三昧耶形各顯本誓故。

**又云：「大日尊言，金剛手，有諸如來是意生作業戲行舞，廣演品類，攝持四界安住心王等同虛空，成就廣大，見非見果，出生一切聲聞辟支佛諸菩薩位，此文顯現何義？謂表六大能生一切，何以得知？謂心王者識大也，攝持四界者，四大（地水火風），等虛空空大，此六大能生。見非見者，欲界、色界、無色界下如文即是所生法。**

「金剛手有諸如來」等者，即是《大日經》第三悉地出現品之文。疏十一云：「佛又告金剛手，諸如來有意生、名業作、戲行舞者，從佛心業而生，作種種戲行，現種種戲舞類之相，即是普現色身隨類，作六道之形等也，舞謂種種神變幻作之事，隨事示現其類眾多不可備言也。攝持四界謂地水火風界，雖現此身內外依正，然此心王安住，即同於虛空。虛空常不動而含容一切也。故唯從佛心業生，隨心而有，體同於虛空不可取也，見謂種種舞戲之相，非見謂涅槃之理也。」

又見謂世間果，非見謂菩提果。此數無量故廣大也。

私云：經廣演品類者，通二義，或上釋成也，演者流演之義，謂廣大流演戲舞隨類（隨其基因德性）之六道眾多品類，故云廣演品類；或下之標句也，演者演說之義，謂廣說品類者，六大所生，見非見之果等眾多故為言。欲界、色界、無色界者，見是欲界五蘊為體，依正俱見故云見果；非見是無色界，四蘊（受想行識）成身，非所見，名非見也。但違疏釋各據一義，或互顯也。上述能生是依俗而言，出現故曰生。所生即由無形成有形而言，根本都沒有能所，無形顯有形而已，水成冰不是生，冰歸水不是滅，何有能所。

**如此之經文，皆以六大為能生，以四法身三世間為所生，此所生法，上達法身、下及六道，雖粗細有隔大小有差，然猶不出六大。**

「雖粗細有隔」者，

問：佛身細大，凡身粗小，所成既然，能生之六大亦應爾耶！

答：粗細大小之差是約所成之法，能造之六大更不可有因果之差別，故先德云：入我我入者，先成就者的三密亦我之三密，共五大所成也；雖然先成就者之三密是微細，我之三密是粗曠，雖有粗細之別而同五大所成。然則五大與五大不相離，如來之五大與我之五大俱遍虛空，法性平等故，我心與佛心及眾生心是三無差別也。

問：既成所法許有粗細之別，終尚望彼可有主伴依正等異耶！

答：所成之法中，舉一法為主時，餘即成伴，成依正。互具而主伴具足依正無礙等義，而於六大非有主伴依正等差別也。

問：設雖無差異，終成別法故，成粗細等，法以為本，將顯同一不生義為本如何！

答：六大悉同一不生而不壞因果二位等別，二義何廢，《釋論》云：平等平等也，然終不離亂云。

**故佛說六大為法界體性。**

「故佛說六大」等者，『別本』云：

問：六大名佛時既名法佛，若智時號何智？

答：名法界體性智。因為上從佛下至器世界，以此六大為體性故也。《十住心論》云：「皈命「𑖀」阿「𑖪𑖰」尾「𑖨」囉「𑖮𑖳𑖽」吽「𑖏𑖽」欠，最極大悲法界體」云。故說六大為法界體性智也。

謂凡聖三密無量，故云法界，六大為彼所依故云體也。

**諸顯教中以四大等為非情，密教則說此為如來三摩耶身，四大等不離心大，心色雖異其性即同，色即心，心即色，無障無礙。**

「諸顯教中」等者，有疑云：天台華嚴盛談非情成佛義，三乘一乘同述，色心不二之旨，何為密宗超絕之義耶？

私云：且論成佛，粗分有四，細分六重，（一）但佛一人有佛性，故餘之一切人皆不說有（小乘）。（二）雖多人有性，許一分無性（法相），以上二宗約事論成佛，俱經三祇劫中，前以水火等為劫，後以巨石為劫而為異。（三）一切眾生皆成佛道（三論），理外三大，理內一念也。（四）有情非情俱成佛，就中有三，㊀天台事理相即，而雖論成佛，以理為本，釋中為經體故，存長短中以短為正也。㊁華嚴事理溶融而雖談成佛，以事為宗，判事之一乘故，念劫圓融故，延則無邊劫海，促則一念。謂彼小乘以水火等劫送三祇，三乘則以小乘三祇為一數，增其數至三祇為所經時也。一乘亦以三乘三祇為一數，次第數至十大劫數即一念故，焉捨焉取矣。㊂真言三密相應而明成佛，言時者，法佛三密加持行者三業時，是超三時如來之日，加持故已成一切諸佛三密，一切眾生三業悉與今時我之三業平等，無一分差別，以時無別體，依法立故，離今時三密之體無時故，與三世諸佛正覺時同時也。何以故？以三密功德為時體故，是故今宗以一乘十大劫數為一數，數至無量劫海為所經時，然則一念三密法上有無量劫海也，雖無證文，義准可知。或非無明證，故疏云：乃至經無量阿僧祇劫，於一念中（證文義准此可知），乃至轉深轉廣不可思議云。乃至解云：此中不計數者，不可計數阿僧祇劫，非但三也准知，今此經同彼云。意云：如三乘三祇為一數，數至十大劫，准知一乘十大劫為數，數至無量劫為言。

此三宗之中，前二是唯理秘密教也，後一是事理俱密法也。故宗家即云：「翫一心利刀顯教也，揮三密金剛密藏也」云。慈覺釋云：「天台華嚴是唯理秘密，大日教王是事理俱密」云。

世俗勝義，圓融不二云理秘密，印契真言事相云事秘密也；

事秘密不共自他共許，於理秘密自有許不許，謂圓融義同故云許也，有深淺故云不許。故先德云：顯似說一分理秘，密說事理俱密等。似言甚有深意，故知智證慈覺等意與大師本願等意，似同而異耶。

彼天台華嚴唯作理秘密之談故，或談一念三千妙理，而心性之一理上，立三千世間法，彼之三千妙理原不論內外差別，亦無簡邪正之不同，皆具佛性悉成佛道矣（天台）；或於法界緣起之法，約智人之照見性相溶融，而以有情之性融無情之相，以無情之相終隨相融，同有情之性，說非情有覺性，許發心修行（華嚴）。

然望真言，不如以青黃等色，顯增益息災之表相，以方圓等之形，示獨股、三股、五股等之標幟，而結印誦明之故，誠以馴凡夫之眼耳的事相，直融入法界門，以草木等建立如來秘密之功德？甚深甚深！此約事秘密勝也。

於理秘密言，三乘是述諸識所變之影像故，以所變色，從能變之心云不二也，顯之一乘是明一心緣起之色義故，以所起之末全歸一心之本云不二也，此等之義門雖甚深，一心之元，本不許色形，故知色心終離別也。今宗即不然，謂談法佛法爾之三色故，盛述性身妙色之旨也，心色雖異其性即同，寧非密乘超絕之謂乎！

加之何教說心月輪，而於識大出色形，此等法然本有義，勿猥謬自然等計，所以遮九種住心緣起，妄假之色心，談性德果海之本具；輪圓之性相，以遍計分別之情，不可圖想，以三密相應之智眼，獨應知見。故《心月輪釋》云：「夫心理離色相，色相非心理者，可知是遮情遣迷之意也，非是表德顯實之義。色相有二，所謂真妄假實是也，今所絕離是遮妄假，非遣真實，言妄假者，一心緣起之色相諸識所變之影像；言真實者，法身法爾之三色，性佛性然之四曼……色相既具萬德而一如也，何不名心理，心理亦體六大，而萬種豈有離色相，故知即色是心，即性是相。」

又《五輪秘釋》云：「色者不離心，五大即五智也。心者不離色，五智即五輪也，色心不二故，五大即五臟，五臟即五智。」此中有味勿粗食矣。

有義云：六大雖異，不生真理同故，云真性即同也；或云，此性者非無相之理，性堅濕煖動等之性，各各遍法界俱常住不變也，故云性同也。《秘藏記》云：眼耳鼻等是相，地水火風即性，性相不離而各各宛然也。是故稱性相俱本有也。

**智即境，境即智，智即理，理即智無礙自在。**

且以五大為境，以識大為智（如我覺義），五智即五大，故云智即境，五大即五智故，境即智也。

上之「識即心」等與「智即理」等准之。理亦六大故，先德云，顯以理為眾色之本，密說不壞色是理（當相即道），亦可六大一一不生之性是理，六大各各之不生即智也。

**雖有能所二生，都絕能所，法爾之道理有何造作。**

雖有能所，但以六大為能生，以四曼為所生，而約法本誰能造？誰所造？然則法爾瑜伽故，無能所而能所也。故宗家云：然猶法爾瑜伽故，無能所而能所云。此能所之法，即法佛法爾之六大性，佛性然四曼也，故有能所而絕能所也。

先德云：色心俱本有也，誰生能所之別執也。

**能所等名皆是密號，執常途淺略之義，不可作種種戲論。**

能所等名言是諸法法爾如是，一一之義門含無邊之義理，即是如來之法曼荼羅身也。九種住心是不能解此秘密之字義，故云密號。執顯教常途之多名顯句，不可戲論也。或復如來之大悲，欲令見此法爾之性德，而假立能所等之名言，引入佛境界甚深之法也，故秘密法爾之道理，立能所之名云密號也。

**如是六大法界體性所成之身，無障無礙互相涉入相應，常住不變同住實際。故頌曰：「六大無礙常瑜伽」無礙者涉入自在義。常者不動不壞等義，瑜伽者，翻云相應，相應涉入乃是「即身成佛」義。**

「如是六大」等者，即是上言四大等不離心大等，唯於能造所造，成六大互相無礙之義。今言「所成之身，無障無礙」者，又於所造論生（眾生）佛（覺者）等之無礙義也，有能所而共無礙義耳。故《開題》云：『能造「𑖀」阿等是遍法界而相應（能造無礙），所造依正是比帝網而無礙（所造無礙），無能所而能所』也。

此無礙涉入之六大所成的十界之身，即性佛性然之四曼，故云常住不變同住實際也；或云，十界悉不變，云同住真如實際，此義不可也，此宗是顯無盡莊嚴之本具，謂性處性相故，是性是相宛然而本有也。融入而不離也，何同以緣起之相歸真如之本義耶？悉如下釋：

**「四種曼荼各不離」者，《大日經》說：「一切如來有三種秘密身，謂字、印、形像」，字者法曼荼羅，印謂種種標幟，即三昧耶曼荼羅，形者相好具足身，即大曼荼羅，此三種身各具威儀事業，是名羯摩曼荼羅，是四種曼荼羅。**

有人云，三身四曼是約兩部（金剛胎藏）而言，所謂胎藏說三種身，即三部曼荼羅，中是佛部，右是蓮華部（觀音院等）左是金剛部（金剛手院等），佛部是形，蓮花部是字，金剛部是印。《金剛頂經》說四種曼荼羅，即五部曼荼羅也，東是金剛部大曼荼羅，南方是寶部，即三昧耶曼荼羅，西方是蓮花部，即法曼荼羅，北方是羯摩部，即羯摩曼荼羅，中央是大日，即四曼之總體。但前之三部以羯摩、寶部之二部攝於佛部，故「性靈集」云：「金剛四法身，胎藏三密印（四法身即四曼）」。今謂不爾也，為顯羯摩通三種而說三身，欲示羯摩之別體而說四曼，金胎互顯無別意趣。

若言四曼表五部，亦應四曼表三部也，羯摩是通三種故，又三部五部四曼三身是金胎二界俱存之故，又解云：為表字、印、形如次「法報應」三身也。

胎藏是理體，金剛是智用，二界悉不二之體，為表理體的身之數無量以論之，為表精神智德之無量故以論之。法身即總德，報身即德相，應身即德用。三身即一法身之普門。

**若依金剛頂經說，四種曼荼羅者，(一)大曼荼羅，謂一一佛菩薩相好身，又綵畫其形像(或鑄塑之好相)名大曼荼羅，又以五相成本尊瑜伽，又名大智印。**

五相成身之佛又相好身故，名大曼荼羅。雖非真實之佛菩薩，其理智之體同故。

真言行者住於五相觀成本尊(佛菩薩隨應)瑜伽，又云大曼荼羅也。若不爾者，上之佛菩薩外，何再舉乎？

又此教之意是何佛不依五相三密而為佛呢？

**(二)三昧耶曼荼羅，即所持標幟刀劍輪寶金剛蓮花等類是也，若畫其像亦是。**

輪者，即八幅輪、千幅輪等也。寶者，寶形，寶珠。金剛即金剛杵，有獨股、三股、五股等、還有弓矢等也。

**以二手和合金剛(內外)縛，發生成印是亦名三昧耶。**

二手和合發生多結三昧耶形，故名三昧耶，不遮小分亦名羯摩印也。此智印是能發生無邊功德，故亦云發生成印。有人云，金剛縛名印起，從此印起諸印故，其意云：「兩手和合，先作金剛縛，開發生起諸印也。」

問：印母之多何出縛耶?

答：三昧耶會之印母故，殊舉三昧耶曼多故。

問：合掌、拳等，印母也，何出金剛縛耶?

答：三昧耶曼荼羅故，三昧耶會印母出之，金剛拳是羯摩會印母也。

**(三)法曼荼羅，本尊種子真言，若其種子字各書本位是。**

一切所誦之文字，若種子、真言或手所書之梵字也。

(除漢文非法然道理之文字)悉名法曼荼羅。

又法身三摩地及一切契經文義等皆是，亦名法智印。

**法身三摩地等者，又四種法身之智慧三昧等之功德。非尊形亦非三昧耶形，而唯心法之邊是法曼歟。**

三寶中法寶所攝故，今入法曼之中故，大師餘處釋法曼云：「法者諸尊種子及三摩地等」。

問：合掌拳等印母，何出金剛縛耶？

答：三昧耶曼荼羅故，三昧耶會印母出之，金拳羯摩會印母故。《菩提心義》第二釋四曼云：「即身成佛之義是約佛內證及行者法」云。

**（四）羯摩曼荼羅即諸佛菩薩等種種威儀事業，若鑄若捏造等亦是，亦名羯摩智印。**

金造為鑄，土造為捏，木造云刻，鑄造等雖無動作等威儀，望於畫像形色威儀，勝顯色故，畫像為大曼，捏鑄為羯摩也（畫像是平面，鑄捏是立體）。

問：夫就佛界本有功德，須見四種之差別，何約今時巧師之意樂？分別大羯二曼，若如此義者，法界曼荼羅之中應無二曼德，若言本有曼荼羅中，繪木等者，大違《大日經》並《底里三昧耶經》等說。

答：若就法界曼荼羅論四種者，不可約繪木等，但今釋心，是就圖像曼荼羅判四曼一往之分別也。非實談也。別本云：

問：爾者，此四曼荼羅但畫作形像具，於真實如來之所具耶？

答：於真實之佛亦具四種曼荼羅。

問：云何具？

答：忘相見色時，五大之色是大曼荼羅也。忘色見相時是事業威儀曼荼羅也。諸尊所持之本誓標幟是平等曼荼羅也。法曼荼羅是如來之身中自爾有也。

問：形像之四種曼荼羅與真實之如來四種曼荼羅，若為相離，當為不相離？

答：不相離也。

問：既形像與真實別，云何不相離？

答：以三密加持時，茲形像曼荼羅則成真實曼荼羅，所以不相離也。

問：若爾如之真實曼荼羅說法利生耶，為形像曼荼羅說法利生耶？

答：如前已云，以三密加持時，成真實曼荼羅，如何不說法利生，好細思之。

問：大曼與法曼之名可通諸法，何為別名耶？

答：三種曼荼羅之中，尊形尤勝，又五大所成義此中顯也，故立大之名；次文字是持所說之法義，又生物解故，例如四無礙中，緣名字之智，名法無礙，總即別名，是常談也。

問：文殊之法中，以印名印曼荼羅，以種子名三昧耶，以三昧耶形名羯摩，以圖繪名大曼荼羅，違今文如何？

答：或云三昧耶有四義，即平等、本誓、除障、驚覺也。文字名三昧耶者，且約除障義故，彼經說彼悉地云：「日日念誦罪障消滅。今為別三昧耶曼荼羅故，立法名耳。次三昧耶形名羯摩者，梵篋是文殊之事業成辦之形也。令生物智，文殊之事業也，故梵篋是表智，故云羯摩。今三昧耶形，故云三昧耶曼荼羅也。

問：何故曼荼羅名智印耶？

答：「四曼義」口訣云，曼荼羅是輪圓具足義，智者簡擇了義。印者決定不改義，具此等義故云爾也。

問：「口訣」云：此所持之刀劍等是本來具如來之智印之大智印、

平等智印、羯摩智印、法智印云云，此釋唯似三昧耶之中具四智印矣！

答：且顯四曼互具之義歟，或云智印之義是三昧耶勝故。

問：四曼四智其體同耶？

答：爾也。

**如是四種曼荼羅，四種智印，其數無量，一一量同虛空，彼不離此、此不離彼。**

四曼有「妙有」「真空」之二義，四曼一一之妙有是全體真空，故云量等虛空。准法藏之釋，色即是空，(一)是相違義，謂空中不可有四曼之義，四曼之前不可立空義，四曼與空相違故、互有互亡之也。(二)是不相離礙義，四曼悉不生法為體，故不礙空，空亦真空故不礙有四曼也。(三)是相作義，色即空還有得，空即色方可真空，是故四曼是真空之四曼，真空是四曼之真空，無障無礙，一一之四曼同真空故量同空，同空故彼不離此、此不離彼等可知，如燈光各各遍一室涉入，四曼一一遍虛空法界彼此攝入也。

**猶如空光無礙不逆故，云四種曼荼各不離。**

空與光是無礙義。今加一義，謂以光光互無礙，喻四曼各不離，一一量同虛空，舉四曼各各不離之所由也。

曼荼羅是梵語，古翻為壇，坦然而平之義，新譯云輪圓具足，謂圓備三密四智印之無量的名義也，故云相涉無礙。

**不離即是「即」義。**

不離有二義，謂同處不相離，和雜不相離，今文何妨通二義矣。六大是體，相應攝入義，今此四曼是「相」，相即之義，今為不爾也。「即」有七義，不離名「即」，非謂相即具如上辯可知。

問：今不離者，為四曼互具之義，「生佛」之四曼不離義如何？

答：二俱是也，故『四曼義』云：於大曼荼曼之所，五大遍者，三昧耶曼荼羅也。有屈曲威儀相者，事業威儀之羯摩曼荼羅；有軌則軌持義者，法曼荼羅也。三摩耶曼荼羅之所，有五大色者，大曼荼羅也；有曲屈威儀之相者，事業威儀之羯摩曼荼羅也；有軌則軌持之義者，法曼荼羅也。羯摩曼荼羅之所，有五大之色，即大曼荼羅也；平等五大遍者，三昧耶曼荼羅也；有屈曲威儀相者，事業曼荼羅也；有軌則軌持之義者，法曼荼羅也。達摩（法）曼荼羅所，有五大色者，大曼荼羅，五大遍三昧耶曼荼羅也，有屈曲威儀之相者事業威儀曼荼羅。

問：且法曼荼羅所具餘之三種曼荼羅如何？

答：且就「」唵字者，其字即是大曼荼羅也；此有平等之義，是三昧耶曼荼羅；其法然種子，名法曼荼羅；豎橫有文是羯摩曼荼羅；四曼互具之義顯矣。又如來之四種曼荼羅與眾生之四種曼荼羅有差別耶，法體之故無差別，同六大故；相用故，有差別，有粗細廣狹之別故云。准此釋，生佛二界之四曼不離相即，「即身成佛」專在此義而已。

問：四曼具足為同時將前後耶？

答：同時具足亦云前後，原來四曼之理備有故云同時具足四也。

若據行者之觀心者，前後有之，故云爾。

**三密加持速疾顯者，謂三密者，一身密、二語密、三心(意)密。**

身密者，如結契印召請聖眾等是也。語聲者，如誦真言令文句了了分明無謬誤也。意密者，如住瑜伽相應白淨月輪圓滿，觀菩提心。

**法佛三密甚深微細，等覺十地不能見聞故曰密。**

『別本』云，真言行者以三業為門，即身具三密之萬行，即身成佛。三密菩提是行者自知，餘人不知故云密，是否與此文相違？今釋是准二教論之釋義，別本是約眾生秘密。謂修三密之萬行，顯本性之真覺，行者知之，餘之眾生不知故云密，今本是據如來秘密，謂他受用變化是秘密內證而不說故，等覺離絕故云密。各據一義並不相違。

**一一尊等具刹塵三密，互相加入彼此攝持，眾生之三密亦復如是，故名三密加持。**

觀想我既成大日如來，從四波羅蜜始，有五部之眷屬三十七尊，一一之部亦有十不可說微塵眷屬。如來聖眾更有已成如來之五部三十七尊，一一部具十不可說微塵數眷屬（每一科都有無量基因德性）。聖眾（宇宙靈體）與我相對，他之眾生所亦復如是。即是諸如來涉入我自身，吾涉入諸如來身（本來吾即是如來靈體，如來靈體即我等萬物眾生），如多面圓鏡相對互相影現涉入，是故與我誦真言俱諸如來皆共誦，諸如來誦故，諸佛加被到我一身之所。所以諸佛加被及吾一身者，諸佛涉入吾一身故也。

准此等說，已成之諸佛的平等三密互相涉入，未成之眾生的本有三密亦互相應，更諸佛與眾生三密交雜而入重重無量無盡也（本來不異而異，今此異而不異），細思之。

**若有真言行人觀察此義，手作印契口誦真言，心住三摩地三密相應加持故，早得大悉地。**

身作印契是皈命諸佛，口誦真言是讚嘆能所詮之教理也。心觀照諸佛是觀照般若，即觀照能所詮之理智也。依身之契印而諸佛應現，由口之真言而諸佛加被，依意之觀照而諸佛觀照行者，行者恆修如是三密，即名三轉法輪。依如是修行三密之力，並已成諸佛之加被力，行者自身清淨，自心下之本性曼荼羅海會諸尊顯現，而與已成之曼荼羅海會諸尊無有異相，我自身中之諸尊涉入已成之諸佛身中，是「我入」義。已成之諸尊亦涉入於我自身中之諸佛身，即是「入我」義。

此義，心住三摩地作「入我我入」觀之智，名住三摩地之心。更互相涉入顯現，名「入我我入」之義，是即名為「三摩呬多地」智也。行者依此三平等觀，現身證三身之果，故云三密相應得大悉地也。

問：三密相應時，佛之三密先起而相應，或為當行者之三密先起而相應耶？

答：『別本』云：前後不可得也。雖然今意可云佛之三密本自遍相應也。

問：若佛之三密本自相應者，何眾生受苦耶？

答：如貧窮人之家，本自有伏藏而不鑑其顯時恆受貧苦，此亦如是。

問：一切之行者悉具修三密而成佛，又依一密等有成佛人，若言如初者，此事不然，眾生之根性（基因德性）非一，何無一密成佛之人耶？

經云若無勢力廣饒益，住法但觀菩提心。又先德云：顯非智觀不成佛，密唯誦咒亦成佛，故知或惟依意，或偏用語而成。若言如後者，又違大師之釋，釋云若三中缺一，即不能至平等之處，如車輪缺一都無所到。是即三平等之義，爾者如何？

答：《五輪九字秘釋》云：凡即身證得大覺位處之行，別略有四種，所謂深智相應印明之行，事觀相應結誦之行，唯信作印誦明之行，隨於一密至功之行。第一是行者有內證甚深之智慧，皆悉相應具足。能修印明行而即身成佛故。第二是雖無深智之觀慧，殷懃結手印，口誦明咒，於字印形之三種中，隨觀修事即身成佛故。第三是雖無如上二種之智觀，唯深信解，應結印誦明，自然頓成佛故。第四是設無餘之行及廣智，唯觀一義，解一法，至心修行故，即身成佛。

彼依一行、二行等成佛者，是非正成佛之時，亦由修餘之二行不思議之加持力，故忽然出生餘之二密等，三密具足而即身成佛。意云依一密二密等成佛者，非正成佛之時，正成佛一剎那之時是必三密相應之即身成佛也。

問：以三密配六大四曼等如何？

答：《九字秘釋》云（非《五輪九字釋》），先約六大配者，地水火三大配身密，風空二大配語密，識大配心、意密。三部三寶如次可配，身口意四曼者，或通攝配三密，或唯攝身密之中，金胎兩界是總相攝也。二界各各有三密故，五部或通配三密，各部有三密故或別配三密，謂佛即是身，金即是心，蓮即是語，寶羯通三。

**故經云：此毘盧遮那佛三字密言共一字無量，適以印密言印心，成鏡智，速獲菩提心金剛堅固體。**

此《金輪儀軌》之文，上明三密相應得悉地，但未示明證，故今引文證上之義。三字密言者：「」唵「」穆「」欠三字，此真言是一字含無量義，各含無邊義理，故云一字無量也。印者如來拳印，七處加持之印言也。

謂以此真言加持七處，左膝、壇、右膝、心、額、喉、頂，即變成淨土，名淨土變。以此印言加持五處時，即成五智如來。故『即身章』云：以大日尊之三字密印言，印五處時五智成佛也。五處者，心額喉頂總身，普通五處加持以印額、右肩、左肩、心、喉為五處。速獲菩提心者，依禮懺：阿閦是菩提心門之主，又是金剛部之主，故云金剛堅固體，《菩提心論》名金剛智。

**印額應當知，成平等性智，速獲灌頂地福聚莊嚴身。密語印喉時成妙觀察智，即能轉法輪得佛智慧身。誦密言印頂時即成成**

**所作智，證佛變化身。能伏難調者，由此印密言加持自身，成法界體性智，毘盧遮那佛虛空法界身。普通東因即由心額喉頂，東南西北印之。**

速獲灌頂地者，寶生尊真言觀想法云：想於額上有「」有多嗠字，受虛空藏之灌頂而得福德圓滿云，故論名灌頂智，『禮懺』云：為福德聚門之主也。妙觀察智是說法斷疑之智，故云能轉法輪，名轉法輪智，彌陀即智慧門之主，故云智慧身也。釋迦是閻浮提五濁末法為調伏九十五種之異類外道，現八相成道，皆得受他教致於佛道，故云證佛變化身，又云調伏難調者也。依之禮懺說作變化身，理趣云調伏難調也。虛空藏法界身者，法身同虛空無礙，含眾像故云爾也，或顯周遍法界之義。

**又云入法身真如觀，一緣一相平等猶如虛空。**

此觀智之儀軌文，雖出以印密言成五智菩提之證，未示意地之三平等觀門，故舉此文也。

三密同一緣相故云共同，是共之為三平等也。

《秘藏記》云：先觀本尊安置壇上，次觀我身即印也，語即真言也，心即本尊，是三密平等，平等遍法界，是名自之三平等；吾之三平等與本尊之三平等同一緣相，是名他三平等；非只本尊與我三平等同一緣相，已成未成之一切諸佛之三平等亦同一緣相，是名共三平等。

**若能專注無間修習，現生即入初地，頓集一大阿僧祇劫福智資糧。由眾多如來所加持故，乃至十地等覺妙覺具薩般若，自他**

**平等與一切如來之法身共同。**

上文約成五智，今文就二智觀，章云：入法身乃至虛空者，正體智之觀也。若能共同者，後得智之觀也。故知五智二智來由，所成能觀鉤鎖也。

法身真如觀者，有人云真如無相觀，又云月輪觀，真如觀也。今謂不爾，三平等觀云法身真如觀。謂法佛之三業皆等至一實之理故，名法身真如。如來之三業皆等共至實際之境，行者之三密亦如是，故云平等。實際境者一實理，即「𑖀」阿字本不生之理也。今此觀有自他共三三平等之義故云一緣一相平等，又云自他平等，與一切如來法身共同也。自他平等者，自之三平等，他之三平等也，已成未成之諸佛名一切如來，與彼之諸佛。

若能專注等者，三平等故入我我入，入我我入故，諸佛之三無量劫中所修功德，現生具於我身，故《秘藏記》云：入我我入故如上述。

今言一劫者，舉一顯餘也。或一劫者初劫也，後二僧祇在地上，故云資糧（資益身心之糧義），地前三賢之位也，乃至十地者述後二僧祇之次位（朝譽義）。又解云：一劫者，第三劫，三劫俱地前故，乃至十地者，離對待真言之十地（高野古義）。又解云：指所斷第四之微細妄執云一劫也。以初地為自證之極故，乃至十地等者，果後之方便化他云（道範義）。

私加一解云：今一劫者第二劫也，乃至十地等覺者第三劫之中，天台云十地，華嚴云等覺；妙覺具薩般若者真言也。第二解是順《秘藏記》。

**常以無緣大悲利樂無邊有情作大佛事。**

依我三密力等，我所發眾生無邊誓願度之大悲度一切眾生，此是常途約外而言。今約內也，內之眾生者，內心之煩惱也。清內心之煩惱、隨煩惱之數，本覺之佛顯，名度眾生。又他之眾生的煩惱下之本覺佛，依我修三密之力，須臾之間悉顯無餘。

若約外之眾生，生界無盡，何處度竟乎？若有盡者弘誓成妄語，謂小乘三乘之四無量心定等，雖作勝解之作意，實謂無拔苦與樂之功，實教大乘已上是真實之作意故，此無極之大悲，亦名同體大悲，彼顯教一乘尚稱性之德，法爾具大小一多無礙故，稱彼之性而定力自現，非神通變化等之所作也。

況於我宗秘密教者，三平等之信智纔起，三摩地之心所俱起，等持心、心所，稱法之自性轉時，自利利他之無邊德用，宛然浮信者也。是即性佛性然之德用故，法法自性皆以如斯，故知發無緣大悲，於三密度無邊之眾生，於一心是真實之作意，全非勝解之作意也。

**又云：若依毘盧遮那佛自受用身所說內證自覺聖智法，及大普賢金剛薩埵他受用身智，則於現生遇曼荼羅阿闍梨。**

雖明三平等之觀想，未顯正修行之規則等故，此文略示入壇儀式及得益。若依毘盧遮那佛，乃至他受用身智者，此即理智法身之境界也。普賢金剛薩埵他受用身智者，此是大毘虛遮那大智圓滿之大普賢也。

金剛者喻名，即受用身之智，有人云毘盧遮那自受用身者即所證之理智大普賢，他受用者能具之人；理智事之三點中，事點之佛身，為化他之本，故云他受用，此即自性身，非同顯教之他受用。或云：以毘盧遮那為自受用身，以金剛薩埵為他受用身；金剛薩埵者，下所舉之曼荼羅阿闍梨也，直指灌頂阿闍梨為大日如來他受用身也。今謂不爾，毘盧遮那自受用身者，金剛頂部是報身毘盧遮那之所說故云爾，非理智之二身也。

故《聖位經》云：爾時金剛界毘盧遮那佛，在色界頂阿迦尼吒天宮，初受用身（自受用）成等正覺。『心要』云：中方毘盧遮那報身圓滿，此等之說分明也，但章理智法身者，金界之教主是理智不二之智法身故云爾。

此智身所說之法是自受法樂之談，故云內證自受法也，此法遠被未來機故云大普賢金剛薩埵他受用身智也；大日化他之邊云普賢金薩，非曼荼羅中十六大菩薩之金薩也。

總言之，三十七尊皆有普賢金薩之名，章云：大智圓滿者示化他之義也，論云：「諸佛大悲以善巧智，說此甚深秘密瑜伽」。又大日金薩之師資，所謂舉金薩灌頂之先蹤，為末代入壇之潤色也，或又大日授金薩是自受法樂之軌則，故云：自受用身智也。以此付法擬彼傳法，則於現生等也。

毘盧遮那是理法身，自受用是智法身，此乃理智不二法身所說，是自受法樂之說，故云內證聖智法；理智不二，故云內證正智法；理智不二故，或云理法身說，又云智法身說。秘密之機即直信解內證三密器水故，月輪海會聖眾影現，說內證之法。令他受法樂故，名真言之他受用身所說，非顯教之他受用身也。

故知理智不二法身，即云大普賢他受用身智也。

**得入曼荼羅為具足羯摩，以普賢三摩地引入金剛薩埵入其身中，藉加持威德力故。**

此乃師之加持也。師欲令金剛薩埵入其弟子身中之心，即結金剛薩埵契印，告言此是金剛薩埵三昧耶，願入汝身心成無上金剛智云。

**於須臾頃當證無量三昧耶無量陀羅尼門。**

入阿字門，一念法界是毘盧遮那三昧，於法界蓮花印，一心不亂即入觀自在三昧，入如是三昧，即證無量之三昧云。

**以不可思議之法能變易弟子俱生之我執種子，應時集得身中一大阿僧祇劫所集福德智慧，則為生在佛家。**

不因邪教及邪分別、邪師等力，自任運起，此等之類名俱生。此煩惱無始時來，恆與身俱，不待三緣，任運起故云俱生也。今云我執俱生通二執中，唯取人執俱生。唯識中之煩惱障的俱生種子，金剛無間道斷，何云斷彼之種子而生初地如來家耶？此約斷三妄執煩惱障是初劫所度之妄執故，故云得一僧祇之福智也，何必同彼。復次通二障故，下文云斷二執證初地。所謂此宗談即身成佛故，以分段身證果德。生死不分粗細，總過患為一際名我執，至初地入心頓翻彼之際，故云變易，所以真言行者作三平等觀，心月輪上觀囉字之時，頓斷三妄執，證阿字不生之理，生在佛家，即初地淨菩提心之位也。

章云：真言行者作三三平等觀，心月輪上觀「」囉字時，燒滅諸煩惱障，顯本不生之理，何更假地地之斷惑也。」但三妄

之別是寄齊門之說，約實疊彼為一際，頓翻彼際，故云一僧祇也。或一等故云一劫，三種之一故，猶如預流之一生矣。

復次依阿闍梨加持，淨弟子俱生我執之末那四惑(第七末那執我不執法，四惑即我知、我見、我慢、我愛)，成欲觸愛慢之四菩薩德，合此四德為中尊之金薩，即是淨菩提心也。

今變易者轉得之義，非轉捨之義，煩惱體即德故云。五大明王義云：軍荼利尊是以四種蛇為琉璃，末那之四惑喻四蛇，煩惱菩提體無二故，此蛇乍生為佛身琉璃也。但末那等軍荼利是南方寶部之所攝，今屬東方之金剛部者，各具五智故涉入無礙，故無失。

**其人從一切如來心生，從佛口生，從佛法生，從法化生，得佛法財。法財者謂三密菩提心教法（此明初授菩提心戒時，由阿闍梨加持方便所得之益）。纔見曼荼羅，能須臾頃淨信，以歡喜心瞻覩故。**

有人云：從一切如來心生是東方大圓鏡智也，從佛口生是西方妙觀察智，從佛法生是南方平等性智，從法化生是北方成所作智。

私云：未知相承本說須更檢矣。

住菩提心戒者三摩耶戒也。經云：初善、中善、後善之中，初善是也。謂戒為初善，胎灌為中善是謂初夜，金灌為後善是謂後夜也。

**則於阿賴耶識之中，種金剛界種子（此文明初見曼荼羅海會諸尊所得益）。**

有人云：若九識約兩部而言，胎藏是第九識為理，金界是第八識為智，故今言阿賴耶中種金剛種子。今謂不爾，此乃寄三乘之第八在種，故今云賴耶植種也；故儀軌云：是心是何物？煩惱習種子善惡皆由心，心為阿賴耶。所謂逢灌頂阿闍梨入於輪壇，以須臾之淨信初見海會之諸尊，是開心淨之淨菩提心也。斯則淨心熏習故有為賴耶轉為堅固之菩提心，此云賴耶中植金剛界之種，故儀軌云：六度熏習故彼心為大心。彼心者有為賴耶，大心者淨菩提心也。此心深廣而為諸法（心所法）之體，亦名毘富羅法界之種子也。此金剛界（智）毘富羅之種子在自心之底，雖隨逐煩惱經歷生死，其性不失壞，終到佛果。猶如金剛寶必至金輪際而得停住，名金剛界之種，即專此意也。

金剛有堅固、利用二義，堅固者實相不思議之理，秘密而常存不壞也；利用以喻如來之智用，摧破惑障顯證極理。界者即性分種類之義，謂諸有情之身即五智如來之性，有此性故若有修習是秘密教者，必得開顯曼荼羅海會。又性名之別不改是如來性也，雖隨逐煩惱經歷生死而其性不改，引發眾生直到佛果，如金剛寶必至金輪際而得停住，輪無際願何停，依此義云界也。

《大日經義釋》云：「諸佛之國王，明妃為夫人，合和共生毘富羅種子，為大悲胎藏之所持，為無失壞故名法界加持，世尊普遍加持一切眾生，皆作平等種子，即時入遍法界胎藏三昧，觀此一一之種子，皆是蓮花台上之毘盧遮那，普門眷屬之無盡莊嚴，亦與大悲曼荼羅等無有異，而諸眾生未自證知故，名在聖胎俱舍，若出藏時即如來解脱也。」梵音「毘富羅」者是廣大義也，白淨信心是一切眾生之色心實相，普門海會之平等種子，故云廣大也。此教以如實知自心為金剛界種子，即「𑖀阿字不生之理，非同法相宗之熏成種故，故《淨菩提心私記》云：「夫真言淨菩提心是普門海會之平等種子也」，言種子有多義如上說。

**具受灌頂受職之金剛名號，從此以後受得廣大甚深不思議法，超越二乘十地。**

初從阿闍梨入曼荼羅灌頂受法之人，其所修之行是佛境界之行也，非十地菩薩之分際，行者所得之果亦可佛果，現身獲得初地，乃經文明說也。

依此釋超二乘十地者，十地約所行，二乘是據所得之果，云證得初地也。二乘乃果同三賢故，或是二乘亦應約所行，於唯識家中，二乘之見道同初地故，以菩提心論亦說超十地文，證二生成佛。今十地又所修之位也，故云證得初地，意云：超越二乘之十地也。

上論經文各含二義可知。

**此大金剛薩埵五密瑜伽法門，於四時行住坐臥四威儀之中無間作意修習，於見聞覺知之境界人法二空執，悉皆平等，現生證得初地，漸次昇進，由修五密於涅槃生死不染不著。於無邊五趣生死廣作利樂，分身百億遊諸趣中成就有情令證金剛薩埵位（此明依儀軌法則修行之時的不思議法益）。**

由阿闍梨之加持羯摩，亦依自己修行大法之力故，生死涅槃不染著，以大願力利眾生，是即明法益之甚深義也。故彼經云：若不入五部五秘密曼荼羅，不受三種秘密加持，以自己之有漏三業之身，能度無邊有情無有是處云。

所謂行法之初，令行者觀金剛薩埵是大菩提心之行者也，先依曼荼羅阿闍梨加持故，於現生中速得初地之功德，稱此人為金剛薩埵，此金剛薩埵亦以欲觸愛慢之四菩薩為眷屬，「欲菩薩」持矢，此欲矢如世間之矢，射取遠物，表凡位大菩提心之欲，遠射取佛菩提之果（堅固成佛之欲望）。

「觸菩薩」抱金剛薩埵者，既射取大菩提心之果，堅固抱持不失之義。

「愛菩薩」持摩羯魚幢者，既已堅固抱持大菩提心故，高出三有之城墎，必噉食菩提功德的表相也。

「慢菩薩」者，雖有菩提心，其心卑劣未足為勝，此心高出有勇健之勢故，作慢印押腰也。然中尊之金薩即合四菩薩之德，成一大菩提心也，斯則依阿闍梨之加持，除弟子之俱生我執，淨末那之四惑，成四菩薩之功德等。發大心者，心中勘之，有高出三有之城墎心故，世以為尊也。

然此五尊之建立始終皆表五智圓滿義，大菩提心之行者以平等之大智大悲，鉤召生佛引入縛，更無上下勝劣之障，有大智故鉤召佛德入我身，有大悲故引眾生入佛家。有大智故必有大悲，有大悲故必有大智，悲智相導甚深甚深也。

同一月輪故不染生死，同一蓮台故不著涅槃，故云由修五秘密於涅槃生死不染不著也。

顯家云：布施、愛語、利行、同事之四攝行，於行布施能攝眾生，持鉤為表相，以之可知。

真言密教之門，亦此義表詮德性，以詮口誦真言手結印契三密相應速疾之益炳然也。此金剛薩埵或為毘盧遮那之他受用身，或為始覺修生之真言行者，此五尊即名五秘密法門也，此中有味深思當見。此中分身百億者，准仁王華嚴，是第三地之行相也。說初地之菩薩化作百身，而今百億者，依三密殊勝之願力故，華嚴說初地菩薩，若以菩薩之殊勝願力自在示現，即過於數，是故無過(百億身即殊勝功德身)。

**又云三密金剛以為增上緣。**

三密俱有發生智用破除惑障之德，三密中意密金剛以增上緣，能證毘盧遮那三身果位。金剛能破物，智能破障，所以金剛是智義。那麼意如金剛，能破惑障是觀慧，身口如何？結契印是身智用，真言是口之智用也。意密是正，身口是伴，意身口通兼正故云三密，應云三密金剛為因緣也。三密俱有斷證之功能故。

但今言緣者不分親疏，因緣俱名緣，謂三密之智用勝一心之智力，故云增上，未必是四緣之一增上緣也。但別本云，意密金剛者理秘密猶勝顯故，增上之義無違。

私云：如人在行動中觀想，身卻在行動，口在念真言，但意及身還在行動，如身口意三密合行者即能專一也。《秘藏記》云以觀心為因，以三密為緣，所觀之普門海會是所生之法，准此釋三密俱為疏緣，故云增上緣。今舉緣顯因，三身之果是所生之法故。

或人云：今教成佛為顯非因緣成，故云增上緣。然若非因緣成者，法爾之故應總廢因緣，何云增上緣？

《俱舍論》云：此緣體廣名增上緣。理實言之，以平等之三密而為因緣，能證三身之果位也。但緣者因緣有通別，別是因親緣疏，俱名為因，同名緣。不爾云：非因緣名增上緣，自語相違也。何況《俱舍論》云：增上即能作，非增上緣即作因也。

**能證毘盧遮那之三身果位。**

毘盧遮那三身者，釋迦三身、大日三身，各別故云爾。『二教論』云：釋迦大日三身各別，法應化三身，或約大日，或據釋迦別論故云各各不同。故『別本』云：毘盧遮那三身是報應化身也，應化身亦名毘盧遮那。

或復大日與釋迦，字、印、形之三種秘密身別故，云各各不同也。大師引是等軌文為小機成佛之證，將為大機成佛之語，既云於無邊五趣生死廣作利樂，可為小機之證歟。若云能證毘盧遮那三身果位，又可為大機之證歟，若復為兩證者，於今軌文立成金薩乎！

又師云，金剛一乘甚深教意，於機無論大小利鈍，所被悉上上信解之人，空空無著之根。所以十六同時是約證理之時分，十六漸證是就功德次第。印文之喻引而應，況是《秘藏記》之中雖明頓證漸證二門，不云大小二機，雜問答之中雖舉一生二生之二類，無名利鈍之根，故知今本以十六成覺與現證菩提，同成即身成佛，蓋非此謂乎？彼別本之大小二機之說實非大師之說歟。

# 真言密教　即身成佛義顯得鈔　下卷

賴瑜撰　悟光潤

**如是經等皆說此速疾力不思議神通三摩地法，若有人不缺法則晝夜精進，現身獲得五神通。**

真言宗名神通乘，又名三摩地教，疏云：若乘神通人，於發意頃至所詣，是乃神通相，爾不應生疑。

**漸次修練不捨此身進入佛位，具如經說，依此義故曰：「三密加持速疾顯。**

漸次修練者，依三密（身口意）加持證三身（法報化）之果位，雖云速疾力，定其修行之益時，云得五神通漸次修練等也。縱雖建立說相相似，又非無優劣，凡三密門是自初心十地之位的修行也，其意業住不生之理，是十住之智也，身結密印是稱理之修行，口誦真言如行能說，是大悲之行，即十迴向也，此大智大悲大行三齊具足故成就十地也。

然則此證同合為三密之行，此智悲之行圓滿號佛，故纔修三密相應行者，大智大悲大行之三齊具也，智悲之門齊，增修增長者非十地處何位耶？

大智是因，大悲是根，大行是究竟之三心，垂因人為十地三賢，約果位為方便究竟，初後之別論是寄因人之所說也，不生之德相是約果位之修行也。

若就本宗言之，三密平等之行人，悉皆不起於座，以父母所生身同佛果也，故云父母所生身速證大覺位。此是智眼所知之不亡情識，莫欲思量佛境界之法。顯教一乘之信位的終心，攝三賢十地之行，約智觀而談也。末云三密加持速疾顯，故父母所生身速證大覺位之義，實缺而不書。故立十住心時判人天二乘，四箇大乘之淺深，以立自宗為最頂，實有以也。

**加持者表如來大悲與眾生信心。**

加者諸佛之護念，持者我之自行，如父精入母陰之時，母之胎藏能受持生長之種子；諸佛以悲願力放光加被眾生，是為諸佛之護念，眾生之內心與諸佛之加被，感應之因緣故，眾生發心修行是謂自行，行者之信心即內心，故三身之果為所生。自行是因故，信是諸行之母，如父為加，母為持，父母之中間有子。佛名為加，我身名為持，所生善根名為子也。

又行者之自行相望不定故，或為因或為果二義有之。理實言之，以法佛之三密加眾生云加，行者能住持之修行云持，比喻日水影現為義可知，故一切眾生皆出於心也（心即宇宙之靈體）。

行者以此三方便自淨三業，則為如來三密之所加持。加持成佛者，觀五大之種子安立自體之上（自體即宇宙之五大所成），結契印誦真言時（見活動及言語是宇宙體之德性的顯現）不思議之加持力（我即宇宙，宇宙即我）而成佛，此法身（理智不二）之加持也。

若爾行者之觀念修行力故，感諸佛之加持而成佛。

云何言六大生佛耶，六大即諸佛故，六大之體性所依觀念修行時，不思議之加持發而成佛無咎也。

**佛日之影現眾生心水曰加，行者心水能感佛日名持。**

以感應配加持者，感是持，應是加，佛日應現於心水，故《開題》云：而機水涸而應月沒，行者於瑜伽中，以自心為感，以佛心為應，以眾多之佛心及自心可同今之大悲及信心，我心清淨故諸佛影現，如水清日影現，水是感，日是加也。

**其次行者若能觀念此理趣，三密相應故現身速疾顯現，證（體驗）得本有三身，故名速疾顯，如常即時即日，即身義亦如是。**

行者觀念此加持感應義，故云觀念此理趣也，謂即身修三密行，頓時影現自心本有之三部諸尊（功能）故云速疾顯。又云以手作契印生起如來之事業時，自身本有之佛部諸尊，以身為門而速疾顯也。以口誦真言開聲字實相時，自身本有之蓮花部諸尊，以語為門速疾顯也。觀滿月輪見淨菩提時，自身本有之金剛部諸尊（智能基因德性），以意為門速疾顯也。宗意以身口意配佛蓮金，故又云互共顯得三部。彼之因圓果滿的法界佛是顯教分齊也，今意不爾，一切眾生自身中之三部三昧耶諸尊，是遠離因果法然具故也。

三昧耶有二義，平等與本誓，平等者結三部之印誦咒作觀時，知生佛悉皆平等。本誓者結契作觀誦明時，三部之諸尊的本誓必顯發，故自身本有之三部諸尊，名本有三身。

復次依三密力顯得法報應三身，云本有之三身，故上云能證毘盧遮那三身果位。

且准華嚴秘密隱顯俱成門，私云法身即是總體，報身是功德相，亦即理體之功能，應身即動態之相，化身即顯現象之相，化身是前法報應三身的總和之現象。法身是未顯之前的總和，又等流身即是法身平等流出的諸現象。證即是體悟的精神感受，以理邊為自受用，以事邊為他受用。

速疾顯者，或云依三密加持而本有三身出現，應定行者是隱，即本尊是顯。行者數改二執之心，依於教理以智眼信見，即我身之三密是顯，凡身即隱。若以凡眼而見時，凡身是顯，三身是隱也。又凡聖之隱顯是別故，兩所見俱隱俱顯故，隱隱不俱，顯顯不並，隱顯、顯隱同時無礙，何以故？行者之六大所成之諸根乃至三密之德相，或隱或顯，約行者的六大所成諸根在現象邊看，行者即顯也。據行者的六大不生義邊看，行者即隱也。本尊亦然，約本尊之六大所成的諸根看，本尊即是顯，據本尊六大不生義邊看，本尊即是隱，本尊與行者或隱或顯亦如上述。隱顯顯隱交輝，行者與本尊齊頭顯現，皆悉相容無間無盡。如帝網之珠互相交映，即身頓成之義全見矣。

**重重帝網名即身者，是則舉譬喻，以明諸尊刹塵三密圓融無礙。帝網者因陀羅珠網也，謂身者我身、佛身、衆生身是名身。又有四種身，言自性、受用、變化、等流是名曰身。又有三種，字印形是也，如是等身縱橫重重如鏡中影像燈光涉入，彼身即是此身，此身即是彼身，佛身即是衆生身，衆生身即佛身，不同而同，不異而異。**

如鏡中影像喻帝網，像與光互顯，帝網唯像涉入，其質不涉入，佛身即不然，影質俱涉入，佛身無礙故（我身之六大即宇宙六大互相涉入代謝）所以取珠影涉入之邊喻自他身佛之影質共涉入義，不取珠質不涉入之邊也。

若准華嚴所立十重唯識之中，後三門圓教之說，喻鏡像燈光涉入，寄第八之融事相入，謂像光之用互相入，而一入一切，一切入一故，法中之彼身即是此身，配第九之全事相即，謂彼此之體相即，而一切即一，一即一切故。頌中之重重帝網者，同第十之帝網無礙。

一中有一切，一切中復有一切等重重無盡故，斯則頌釋互顯，法譬影示，三各有三，表三三平等之義，三等無礙之真言良有以也。然彼宗之三門是俱緣起因分之義，乃十玄六相之談也。

雖事事即入，理是本，事是末故，終攝相歸性，而明事相之常住也。故探玄之中釋相入云：云以理成事，事亦溶融。釋「相印」云，依理之事，事無別事也。故宗家彼喻水波耳（理喻水事喻波）。此宗之三門是性海果分之法，六大四曼之說也，是理是事宛然而本有，何本何未？取喻以月光，月體光用，俱以常住，不可云光滅月獨存（光無生滅），不同彼之波息而水獨在故（起信論云，動相即滅非是水滅）悉如《秘藏記》也。

復次彼是緣起之法門，故三門別說。此性德之本用故，即入全一也。故以上於六大之體成涉入義。

**故三平等無礙之真言曰：** **阿三迷底利三昧，三昧耶，娑婆訶。」初句義云無等，次云三等，後句云三平等，佛法僧是三，身語意又三。**

「阿三迷」是《大日經》具緣品所說，初句「阿」是皈命一切諸佛，次句「三迷」是無等，次是三等，連下句讀之則為「阪命無等三等三昧耶」也。

復次「阿」是諸法不生之義，則是法界體性，「三」是諦義，「迷」是三昧義，摩即是自證大空，亦是我義。世尊證此三昧時，諦觀一切眾生之心力普門曼荼羅是皆等於我，是故更無可對待，無可譬類，名為無等也。

三等為三世等，三因等，三業道等，三乘等也。即是轉釋前句，所以無等之意，謂心如實相也，一切塵垢本不生也。

三世如來之種種方便悉皆為此大事因緣故，即是除障之義也。結云三昧耶者，即是必定獅子吼之說，諸法平等之義云。

私云初句是皈命，今之所引除之。或本云三等無礙之真言曰：皈命句，次句即今之初句，「摩」是自證，「迷」是體文，「摩」字故分釋也。三等之異釋，疏家宗家影顯也，例如見非見果，三迷為佛之三身，謂法報應化合為一身，教化眾生。

**心佛及眾生三也，如是三法平等平等一也。一而無量，無量而一，而終不亂雜，故曰重重帝網名即身。**

佛是覺者，眾生是迷者，覺與迷皆心，此宗之意是自他各各有自他，故云三平等也。

**法然具足薩般若者。**

是讚嘆即身也，於中有四，一者六大顯體門，二者四曼示相門，三者三密影用門，四者重重無礙門。謂以此四門如次配於初一頌四句釋，自下稱讚成佛門。

稱讚成佛門就中亦有四，一是本覺成佛門，二是王所無數門，三是五智輪圓門，四是實覺所由門。

以此四門如次配於後一頌四句之釋。今此科揀總別合論而有十門，謂前五門表眾生之五智，是胎藏之五佛，後五門表諸佛之五智，即金剛之五佛，十門一處列者，生佛平等兩部一心之意也。

又以金剛杵論，初五門是下之五鈷，後五門是上之五峰，故大師云：五鈷表五智如來，如來是理胎藏，佛是智金剛，其鈷上下一體，其數同，表佛身與眾生身一體平等也。中鈷表大日法界體性智，四邊四鈷表四佛四智也。

**《大日經》云：我一切本初，號名世所依，說法無等比，本寂無**

**有上，謂我者大日尊自稱，一切者舉無數，本初者本來法然，證得如是大自在，一切法之本祖，如來法身眾生本性同得此本來寂靜之理，然眾生不覺不知故，佛說此理趣覺悟眾生。**

先自歎德，因為此法難信故，今舉說之令信。梵音「我」者於中有阿字聲，即本不生之義。此常住不生之體，即一切之所依止。「本初」是壽量義，「世所依」者，今佛能為一切所依也。我覺此不生故，一切世人稱號為佛，非平等法界有如是之名。「說法無等比」者，諸外道說有上之法，不了內證者皆是外道也。由佛說此無可比況之法故，亦無比也。本寂無有上者，此本中有阿字聲，即是不生義，以不生故不滅也，是故本來寂然。此法第一微妙更無過了。此「𑖀」阿字即一切之佛心。

佛雖自歎，即是稱讚阿字，此字本初以來是世所依，今說此自證之法，非二乘外道之境，故云無有上。然佛以加持力故，說此不可說之法，令皆得知之，此事即希有也。

智勝大師引今之釋文成本迹二門之外，有本佛之義。私云今釋「一切法之本祖」者，當疏釋壽量之義，是阿字第一命，今下釋此本來寂靜之理者也。

此阿字即為頓覺之法門。故雜問答云：頓覺法門巨多，舉大日一字真言「阿」字成即身成佛義，此即本不生理，指如來金剛性云本不生也。

故知迷此「阿」字門之理為眾生，悟此理號諸佛。所謂六大悉阿字不生理，六大即本尊也，即眾生無非本尊也，本尊行者本來平等故，我覺本初，我是古佛，若迷阿字則流轉生死受苦無窮，若悟阿字則證得涅槃，即是本初也。萬法總歸入一阿字，地獄天堂乃至苦樂之相，悉自心佛之名號。

由實智故能悟三密四曼，熏修善心故能顯能證。由妄執故能迷，四重五逆熏習惡心，能受能悲，迷悟在己，無執而到，故《十住心論》云：「若能明察密號名字，深開莊嚴秘藏，則天堂地獄，佛性闡提，煩惱菩提，生死涅槃，邊邪中正，空有偏圓，二乘一乘，皆是自心佛之名字，焉捨焉取。雖然知秘號者猶如麟角，迷自心者既似牛毛，是故大悲說此無量乘令入一切智，若豎論則乘之差別淺深，橫觀則智智平等一味。惡平等者未得為得，不同為同，善差別者分滿不二即離不謬也。迷之者以藥夭命，達之者因藥得仙，迷悟在已無執而到，有疾菩薩，迷方狂子，不可不慎」云云。

此中云：自心云一切智，是則淨菩提心阿字不生之理也，故云同得此本來寂靜之理，乃至覺悟衆生也，彼法華之本佛猶指五百之始，華嚴之果佛亦留不談之説，是分之如實知自心，未滿如實知自心，此宗是自覺本初之佛，是名自然覺，亦云本地常身也。故以我覺本不生，疏釋菩提之實義令證即身成佛矣。

**又云諸樂欲因果者，非彼愚夫能知真言，真言相，何以故説，因非作者，彼果即不生，此因尚空，云何而有果，當知真言果悉離因果。**

「諸樂欲因果者」，此是《大日經》第三悉地出現品之文。釋云：若人於此真言行之中作如是念，我今行如是因，當得如是果，當知如此非正説也，唯是愚夫之虛妄計也。如是等人不能解此道，若從因生，即此因有自性常法也，云何能生？若因滅果生者斷滅法也，云何能生耶？釋之意謂諸樂欲因果者，真言行人也，愚夫是外道也。

謂真言行者有因果之別執，則同外道自性因等之邪計，非能知真言宗之本不生不思議之因果相也(為上真言宗總稱，下真言相所立不思議，本有因果等法門，或上名因，下名果歟)。

上文說因至則不生者，釋云：當知此因以智觀察尚不得其原，此因是無依，無依即是本不生也。本來不生之因何能生果，故知彼果是本不生也。此因至而有果者，釋云：「是因本性空寂，當知果相亦復如是。」

若於如是之緣起法中，而言有因有果，即是遍計所執，墮於斷常一異不入中道，是故證知如是真言永離因果故，即是法界也，不思議界也。至於因果者，釋云：因是有所作法，法因既有作，當知果亦有所作，有所作何能成真實，當知果離因業也。

**上文所引我覺本不生乃至遠離於因緣偈，及諸法本不生乃至因業等虛空，如是等偈皆明法然具足之義。**

有人云顯乘於因緣生中，談二諦三諦之理，今真言總不論因緣生，只法爾之因果也。又上廣引六大之文證釋，以六大為能生，四法身為所生，然則一切諸法悉六大和合之因緣所生也。

今又以此文成法然具足之義者，約六大之相，十界皆悉六大所生之法也（一切眾生悉有即佛性，大地眾生俱有即如來德相，現象即實在，當相即道，即事而真也）。

緣起亦誰之緣起，法然而應因（基因德性）緣（組合）之像也，若離因緣而性本自然，則凡聖天然也，何有修斷成佛之義。

若欲解真言六大四曼法然本有之義，悉離於因果，遠離於因緣之文言，不悉其深旨，隨己情執之分別，撥因果之理，成法爾天然之義，恐反欲向外道自然之邪計乎？

若又我所立義是顯宗之談，何言依用之，請離如上之義，異外道之計，成立真言一家之法然本有之義。

若與法印合誰又遮之，今謂不爾，夫真言果地之法門，不論緣起修因之義，唯述性德輪圓之旨，故云法然具足也。『雜問答』云：此真言之果非修因之果故，萬德本來具也，何以得知？《大日經》曰：「我覺本不生，遠離於因緣」，以此知識。又云此教之意是明無盡莊嚴之本具故，證自心之實際時，萬德莊嚴自具。

意云：諸顯教所絕離性德圓滿之法身內證三密四曼之法，云無盡莊嚴藏也。此是性德果地之法門，不同緣起因分之因果，當知真言果悉離於因果也。若爾何同顯乘之義耶？又遮情遣迷之上，表德顯實之法然也。寧同外道自然等之計乎(外道自然即虛無，此即空不空如來藏)所謂天台之一心三觀法門，華嚴法界緣起之具德，雖謂希有甚深，猶是他受用等四種言語，九種心量，正所緣詮之緣起因分的三諦相，即十玄無礙之法也。

今真言不爾！於彼之秘密不能傳，及果性不可說，更以自性法身之如義語，一一心，能所緣詮之本有德性的六大無礙四曼不離之義也。故知雖圓融之名言似同，能緣詮之言心卻是全別也。故真言家云如是絕離是約因位談，非為果人也(因人者，他受用應化等，果人者是自性法身)。

又云諸教之絕離是秘藏本分。至如彼判理秘密同者，恐不知如義語不二心故也。

我等先德深達此義故，於理秘密存優降也。故大師釋云，法佛之三密是三種言語不能及，曼荼羅之四身是九種心識不得緣。雖然於果海之內不遮六大之事事相即，四曼本有之具德，亦有緣起故，大師判真、生、不二之三門，各有法爾隨緣之二義也。若爾何亡能化所化斷惑證理之道矣。

故知真言亦不可云總無因緣生。因緣是佛家之大宗故，上兩義或過或不足，思之！

問：因分之法外更立果海之法，談真言超絕之義者，有不盡法之過，若言同法者何違我所立！

答：體同義異也。謂於色法言之，小乘立心外之色，大乘云心內所變之色，一乘云一心緣起之色，真言云性佛性然之色，義門雖異色體是一也。汝諸識所變與一心緣起，許體同義異歟。如何！若言許者我亦然也，何生疑矣。若不許者成自教相違矣。

又以心論之，唯蘊無我，拔業因種但知六識，他緣大乘，覺心不生但示八心，一道無為，極無自性是但知九識。《釋大衍論》說十識，《大日經》王說無量心識，前之諸教，若三乘若一乘，悉皆未知一心之位有無量之數，唯真言知心智之無量，雖言小乘之六識，乃至真言之無量心識其體何別矣。

問：許體同者，緣起之至極是一乘無盡之緣起也。何更立不二門之緣起？故疏釋之遠離於因緣之文云從緣生而不生法，緣合時無所起，緣散時無盡，此釋意相揀三乘一相，緣起緣合是有，緣散即無也。

謂於一乘無盡之緣起，不論緣合緣散故。又釋悉離於因果等文云，而言有因有果遍計所執，墮斷常見，此又唯簡外道之邪計也。

故知十玄六相溶融無礙之說，六大四曼相應涉入之義，全無差異，是以慈覺智證等判理秘密同，意在於此也。

答：彼性宗中簡於相宗之一分生滅緣起之義，更談二分不二之緣起，甚為希有也。而汝家又立無盡之緣起，遮一相之緣起，我又如是。所以法界緣起，雖謂無盡，於一心所生之法作無盡之談，終歸能生時，唯無相一心更無餘一心也，法界唯心說此之謂也，此等義是未知一心之位有無量之理事也，所以理理無邊也，智智無數也，恒沙非喻，刹塵猶小，各具五智主伴無盡也。

一非一一，無數為一，故云一一心，冥然同體，而色心無量，故名不二心。不說此理即是隨轉，無盡寶藏於此消盡，地墨之四身，山毫之三密，法自圓滿凝然不變，故名為無盡莊嚴藏之本具（理秘密勝義也）也。縱許理秘密彼同，偏意地之觀門理秘密無盡，而未及三密無盡事理俱密緣起故，具如上成（事秘密勝義）依此等之義。

宗家釋：不守自性隨緣之義為華嚴之大意耳。次至墮斷常之見，今宗之意是約九種住心之不知內證名外道也。

故疏家之釋云：凡一切不了內證秘密法者，皆是外道也。

又宗家云：顯教之佛滯斷常二行故。

經云：於業煩惱之解脫而業煩惱具依，是故無過也。

問：

不守自性隨緣之義，是三乘一相之緣起也，依之法藏以起信之真如受熏文，成終教之真如緣起之義，故知宗家之意，以一乘無盡之緣起屬真言之相應涉入也。若爾此釋反非成難者之義耶？次又外道內道名言，是外教佛教之差異也，九種住心名外道恐難信用耶？

答：且於緣起有三種之異，謂略則三重緣起，真生不二隨緣也。中三十三重，即三十三之法緣起，廣即無量隨緣也。謂百六十摩訶衍，乃至生滅門內有為無為本覺始覺等也。此中配之，則三乘緣起是後重之生滅門收之，一乘緣起則前重所收之法攝之，淺深有隔，猶是多一心內因海即入，而非不二心中之性德涉入，故云不守自性，非謂俗門之真如受熏也。

次又內外分別重重也，所以此宗立內外道法相望，護法，餘之安惠等名外人也。若爾者，九種為外何為不可？

**又金剛頂云自性所成眷屬金剛手等，十六大菩薩，乃至各各流出五億俱胝微細法身金剛，如是等文亦是此義也。言法然者，顯諸法自然，如是具足者，成就義無缺少義。**

自性所成等者，金剛頂一切瑜伽經之文也。教主眷屬皆是自性身故，自性所成等，經中具文舉三十七尊，今略四攝、八供之天女使，故云乃至。本有自性五智金剛各流出一億俱胝之法身金剛，故云五億俱胝也，經中具文云：各於五智光明峰杵出現五億俱胝微細金剛。三十七尊各有五智故云各於五智也。大師釋此文云：此明三十七尊之根本五智，各具恆沙之性德。

依此釋者，一智出一俱胝者，無量之一俱胝也。或復云，五智各具五億俱胝歟，二義無違歟。

問：流出五億俱胝者，為前後為同時耶？

答：若據行者之觀心者，前後次第也，若約性德理具者同時圓滿也。

故宗家云，若約次第有出現之文，若據本有俱時圓滿如是諸德，所說亦是此義者，指上之法然具足義也。所謂自性所成者，顯諸法自爾之義也。各各流出者示具足之義也。若法非法然具，何云流出矣。故住心論之釋如上引耳。諸法自然如是者，謂法然而應然之處也。

**薩般若者梵語也。古云—薩云者訛略。具云：薩羅婆枳孃曩，翻云一切智智。一切智智者，智是決斷簡擇義。**

謂正體智證一切法如，故云一切智，後得智證依他之萬法，故云一切種智。別本云我身中本來常住之本覺佛，名法然具足薩般若。若指佛性種子為當相好具足身而有耶！本來具足四種曼荼羅，名本覺佛，依何教立本覺佛，教證多有，無障礙經云：「皈命本覺心法身，常住妙法心蓮台，本來莊嚴三身德，三十七尊住心城，普門塵數諸三昧，遠離因果法然具，無邊德海本圓滿，還我頂禮心諸佛」。

**一切佛各具五智三十七智乃至刹塵智，次兩句即表此義？**

已成之諸佛，我心之諸佛，其數過刹塵，故云一切佛。此諸佛各有五部三十七尊，故云各具五智三十七尊，一一之部皆有十佛刹微塵數之眷屬，故云乃至刹塵智也。依之下頌云「心數心王過剎塵，各具五智無際智」，故此句即表此義（每一基因各有無量基因為伴）。

**若明決斷之德則以智得名，顯集起則以心為稱，顯軌持則法門得稱。**

自下起明上之薩般若隨義立三名也，集起者准俱舍之說，謂能集起三業之事故云。據法相即釋集諸法之種，起現形故（唯第八識），約真言即集起曼荼羅塵數聖衆，故云集起也。故《心月輪秘釋》云：心者質多受之梵名，集起是立漢義，集起則含曼荼羅之義，輪圓聚集發生等。軌持者，法是軌持軌則之義也，謂持自性云軌持，令生解名軌則，今言軌持舉一示一矣。

**一一名號皆不離人，如是人數過剎塵，故名一切智智。**

顯名不離人之義也，謂此宗中明果地之法門，故專示人法一體，故今文以五佛三十七尊名五智三十七智。龍樹釋言：諸佛即是不二摩訶衍（大乘）之法也。

**不同顯家一智以對一切得此號。**

即簡異顯乘也。謂顯家以一智知一切法故，約所知之境云一切智，故慈行釋云：窮達一切法圓照一切境，名一切智也。今宗不爾，能知所知俱無盡無盡也，故云理理無邊智智無數也。

問：《大日經疏》中，釋智智義云智中之智未必存多體，又《法華經》云：諸佛智慧甚深無量，寧非智智無數之義，加之天台釋云：境既無量無邊常住不滅，智亦如是，非談理智俱無量耶？若爾，何以理智一多為顯密不同哉。

答：凡理智無量之義是曼荼羅教密乘不共之說，顯家絕離之談也。故「[illegible]」『吽字義』云，執滯不進悉知無數。『住心論』云大日經王說無量心識，一法界多法界是顯密差異之故，但疏釋云智智之重言是為顯勝，智度但云智，言智中之智，非謂一切之言非名能知，故疏云：名薩般若那，即是一切智智也。

『釋論』云薩般若多，即是一切智，一切為名色等無量法門（一切名言所知法門也），一切智慧力故（能知一智從所知云一切智），一切世一切種，悉遍知解。

今謂一切智智即是智中之智也，非但以一切種（能知智無量故云一切種）遍知一切法（所知法無量故云），亦知是法究竟實際（釋智六義），但准「𑖮𑖳𑖽」「吽字義」云智智無邊，智智之重言即似顯多體，各據一義云。於一切言論顯密異故，宗家智智之義同疏釋歟。次於法華之文者，顯密在人故，大師以此文證智智無邊之義（法華開顯）。

又天台云佛智遍法界無分量故云無量。『文句』云明佛實智照徹如理之底故言甚深，橫窮法界之邊故言無量。

嘉祥云：凡夫二乘等不能測量故云無量，故義疏云：然凡二乘及以菩薩，未能測量佛智之底故名甚深。亦不能測量佛智之邊岸故稱無量，此兩釋雖有約自他之異，皆非許多體也。故知法華顯密隨宜不可定判矣。

次文句之釋者，理境智用周遍法界無分限故云無量，非多體之義也。故彼釋云：次引法華之慧光照無量之文成義。又香象釋說十心以顯無量，故知。

若以本同末，理智無量，攝末歸本，諸法不二，未知即千事事之諸法，而是不二，即千一心之理體是無量，故云不同顯家等也(私云理體內有無量基因，其基因雖分五種，但各種中有科別及主伴無量數，故智亦和基同量而稱無量，雖一並非凝然之一，無量為一各各相涉而各自立不紛)。

**心王者法界體性智等，心數者多一識。**

「心王者」等者成佛門中第二之王所無數門也，次各具五智等者，第三之五智互具門也。牒釋不悉者，此等之義門先顯故，或准別本之釋義，謂於二頌分為三門；初之四句是加持成佛門，次之三句是理具成佛門，後之一句是顯得成佛門。三句同為理具成佛之一門故，二句牒釋不似餘也。上釋次兩句即表此義，其意在於此。

但至總科別釋相違者，文影略而准龍樹之二門科三門科之例矣。

但於心王心數有三意：「一者」大日是心王，餘尊即心數，此通兩部，謂金剛界七十三尊，毘盧遮那是心王餘七十二尊是心數也。七十三尊者，五智四度十六菩薩，四攝八供賢劫十六尊，又外護二十天也；於胎藏界會之五百尊，毘盧遮那是心王，餘是心數也。

今言等者，法界體性智過刹塵故云等，謂法身雖同衆生異故，一切衆生之法界體性智，一一別體而不一體也。「二者」五佛是心王，餘尊是心數也(十住心論)，此約金界或通胎藏，謂轉九識成五智故，五智同心王也，等者等取餘之四佛也。「三者」中台八葉之九尊為心王，第一重聖已下三重曼荼羅之聖眾悉是心數也（口訣等意）。

此據胎藏謂以九尊配九識，故口訣云，若配九識，觀音眼識，彌勒耳識，文殊鼻識，普賢舌識，阿閦身識，寶生意識，無量壽第七識，不空成就第八識，中台大日第九識菴摩羅識也。《秘藏記》云以中台心王之尊攝一切心王是謂一識，以八葉尊攝一切心王是為八識，以八葉及中台攝一切心王是謂九識，不動第九以上之九識，其餘十佛刹塵數之一切心主攝一識是為十識，是名一切一心識。

私云，初後之一識與九識當三義中初後之二義，初後合以成上之第二義，謂以四菩薩之因攝四佛之果，而成五智義也。

謂普賢寶幢是菩提心之因果，乃至彌勒天鼓入涅槃之因果故，第九識以上是十識中之眼識乃至菴摩羅識在前故云已上也。或九釋是心王，多一心是心數，故云已上也。一切一心識者，以一切之心數攝於心王之一識故云一切一心識，是則今之多一心識也，所以心數之諸尊其體別故云多，然而皆大日所變故云一識，《秘藏記》之數穴闇室燃燈之喻可思之。

前以心王攝心數，今舉心數歸心王（心王是心數選出之一尊也。（如金界曼荼羅以大日為心王，其他三十六尊為心數，若以金薩為主即金薩坐中央，大日移來坐金薩之原位，其他各尊皆如此）。

問：准龍猛之增數為十識者，九種識是能入邊俗之體，多一心是則所入中道之法，若不爾何故法為心數，門為心王耶？

又依十種之心量者，多一心等之九識（菴摩羅攝於第八，更立一一心識）顯乘之分齊也，何配九尊呢？故大師云：曼荼羅四身非九種心量所緣？

答：心王心數悉自性所成故，何必優劣，故反以所入配心數也。然則論家據豎差別義，宗家是約橫平等之義也，次至十種之心量難者，今十識是一一心內之十識故無過矣。

**各具五智者，明一一心王心數各各有之，無際智者高廣無數之義。**

「各具五智」等者，心王心數各各有五智義也，謂大日為法界體性智，四佛為四智，是心王五智，又阿閦為法界智時，薩王愛喜為四智，是通五數也。

又金薩為法界智時，欲觸愛慢為四智，即心數之五智也。餘之寶生等准知，乃至世天等各具五智，心王心數各各有之也。如是五智各具五智，豎橫重重無量無數，故云高廣無數之義也（高即豎，廣則橫義）。

**圓鏡力故實覺智者，此即出所由，一切諸佛因何得覺智名，謂如一切色像悉現高台明鏡之中，如來心鏡亦復如是。圓明心鏡高懸法界頂，寂照一切不倒不謬。如是圓鏡何佛不有，故曰圓鏡力故實覺智。**

「圓鏡力故」者，圓鏡有二，一者大日，二者阿閦，故先德之秘釋云：圓鏡有二，一者大日心王大圓，謂六大不二之曼荼羅，二者阿閦心王大圓，謂四曼隨一之大曼荼羅。

今取大日大圓，故云圓明心鏡，此法界體性智，於五智中最頂。故云高懸法界頂也。

又此智有如理如量兩義，則心月輪之清涼寂靜，光明遍照之二用也，所謂正智是冥寂一切之真理而不顛倒，後得覺照一切事物(法)而不迷謬也。

顯現證得如是本有圓明心月，名為顯得即身成佛。故云如是圓鏡何佛不有也。亦可阿閦大圓也，五智之中第一，名大圓鏡智也。

問：此頌之意是顯正成佛，何正成佛耶？

答：如實知自心，名正成佛也。謂真言行人修三密得成就時，如實知自心本有之莊嚴藏，如實知自心其本有莊嚴藏者，本覺之四種曼荼羅也。

問：今此即身成佛者，何物為因，何物為根，何物為究竟耶？

答：菩提心為因，大悲為根，方便為究竟也。謂菩提心者，白淨信心之義。得觀我身中之本有阿字並月輪，名白淨信心也。大悲者，具大慈之大悲也。

憐愍之心徹於骨髓，諸有所作皆為建立眾生必使成就無盡法界之樂，度脱無餘眾生之苦，名慈悲也。方便者，醍醐之妙果三密之源也。

大悲萬行所成一切智智之果，內具方便故起利生化他之方便業，所以菩提名方便也。此因根究竟之三種，若約能求之心次第生起，若約所求之心，因果同時而不前後也。

問：何謂究竟即身成佛耶？

答：見眾生究竟是佛，名見諸法本不生際，是則如實知自心也，是名究竟即身成佛也。謂悟眾生之自心，即是一切智智，如實覺知自心本有之秘密莊嚴藏，云見眾生究竟是佛也。

問：若爾者，如何覺知自心本有莊嚴藏耶？

答：別本云：真言行者真語為門，自心發生菩提，即心具萬行，見心正等覺，證心大涅槃，發起心方便，嚴淨心佛國，以無所住而住其心，是名一切智者，一切見者，故云如實覺知自心本有之秘莊嚴藏云。此中自心等之四句，如次「𑖀𑖁·𑖀𑖽𑖀𑖾」阿、阿—、闇、噁，因行證入四字之義也。發起等二句是第五之方便具足「𑖀𑖾」阿噁字也，所謂自心發菩提者，發𑖀阿字不生之信智也（初𑖀字菩提心義也），發此不生之智者，一切所作心無執著相，以此無住之心所修慈悲行是不生智之上德故云即心具萬行（第二𑖁字菩提行義），即心者，指上自心，即字皆流下心，然見此不生際，如實知自心，即心成等正覺（第三𑖁𑖽子證菩提義也）。心合不生之性，寂靜安樂故，即心證大涅槃（第四之𑖁𑖾噁字入涅槃義也）。心具上之不生四德故，即心證大涅槃後發起方便，憐愍之心徹骨髓建立眾生也。此不生之性即智所依所住故，即心莊嚴佛國也（第五阿噁方便具足智之義也）以上五字究竟，為顯得成佛矣。

故別本云：三密修行已成就故，即心具萬行，見心正等覺，證心大涅槃，發起心方便，嚴淨心佛國，乃至名顯得即身成佛云。

故知今言圓鏡，大日大圓斯為良證。謂法界體性智攝餘之四智，如一中無際之大虛攝四邊有限之別空故，若言阿閦大圓者，何有五字究竟之義也。

問：設雖阿閦何遮五字究竟之義耶？阿閦為淨心之初字者，以五點配五佛時，阿閦尊應不具五智耶，若許者違各具五智之文如何？

答：所出自心發菩提等文，非宗家之私釋。源依疏家之釋，即是釋住心之文也。若爾真言住心之相，何可漏究竟果滿？故疏云：從因至果皆以無所住而住其心，故曰入真言門住心品也。但至各具五智之文者，阿閦所具之五智是一門之五智，而非普門之五智故，望普門猶未成五字究竟義也。縱雖據橫義許具普門之五智，猶帶豎義不具之過失故知，但就橫豎普具大日大圓成顯得之義甚巧妙矣。

問：若爾顯得成佛，為限究竟果滿，將為通因位如何？

答：古來之異義也。或云理具是從凡至佛，加持是發菩提心乃至佛，顯得唯佛果位也。或同加持。

私云：二義隨宜，謂三平等觀云圓鏡智也，所以本尊行者之三密，加入如多圓鏡涉入故。

口訣云：言大圓鏡智三昧者，如來之三密與眾生之三密，互相影現，如大圓鏡也。若爾誰為普門一門之別，此解為勝也。亦可顯圓鏡智應云顯得，上文言因位名識，果位名智故，何同顯家之初地轉識成智之義矣。

問：既聞顯得之義，若如是者，誰人修此三摩地法即身成佛，指人是誰耶？

答：『雜問答』云：其人數多，暫指金剛薩埵為其人耳，何以得知？金剛薩埵即發心修行之人也。

問：金剛薩埵者誰人耶？

答：或云三密修行之人悉為金剛薩埵，行法之初令行者現觀金剛薩埵故。

問：真言一家之即身成佛者，以父母所生身至究竟果滿，有放光動地等之奇瑞，可為即身成佛。而如我等雖入道場修三密之行，終凡身而全不作佛，復雖在道場妄念雜起，況出堂世務之事業如何處理耶？

答：即身成佛之人證是上古以來，自宗他宗各成鉾楯，一生隔生互舉雜破，愚昧之管見何輒決之，雖然披今之即身義文，至如云相應涉入即是即義，云重重帝網名即身，以六大涉入，三密平等重重無盡，言即身成佛也。然則行者之三業同本尊之三密，以父母所生身所行兩部之大法，忝謂之法佛之三密，豈非證大覺位乎！況於即身義之前後，以放光等之奇瑞成即身成佛之説，更所不見也（放光動地即自內證之境，非外之幻相也）。

但妄念雜起是凡夫業行之所作也，即身成佛即本有菩提心之智眼也。是偏依摧我法分別之凡心，疏三密相應之觀念，唯以眼耳之轉變欲為佛故也，何況法佛之三密，釋云：等覺十地不能見聞也，誰以凡眼見彼呢？如彼聞截打聲闘功於刀杖，三密五相之觀念，皆應推功於佛德也。即身成佛之素意非別，約人機説，總望教益成説也。速止遍計分別之情意，正住三密相應之信智，閉目留意久思之。

問：我顧機之下劣，顯此教之即身成佛深奧，謂非我等分，汝執過分之即身成佛，雖談頓成之義，出道場亦起貪瞋癡等故，成佛之言恐似戲論誰信受之，我元非為以三密之教總無益也，唯今所論如我等者，修行此教而有即身成佛否？

答：既許於三密三平等之行方有即身成佛之深旨，若言得三密加持人等佛者，即凡見佛，是重重帝網名即身之義也。

若亡行者唯成佛身，對何而有重重帝網之義乎？汝雖似有欲高我宗之志，恨不顧末世無益之難，彼顯家之信位，猶有成佛之號，於秘密之信心何削成佛之言矣。且我為汝悉示開迷，借顏子敏心諦聽善思。

夫以一念不生之智印，橫印十方地獄天堂悉莊嚴內證之德，竪印三際非古非今皆舊來已成，如新成妙覺尊有舊來成佛號者，新成望凡聖妄盡之邊談之，舊成約本有三密之義也。

若本有之三密自無細妄，加持之印璽何有微垢呢？謂有如來大悲方便之加持力故，行者巧迴無量無邊佛法之三密，攝取充滿己之三業故，皆得佛果之三密功德也。

所以法佛之三密者，融汝三業等為法佛之三密也。若言不遍汝三業者，法佛之三密有不遍眾生之過。

又此法佛之三密就時即越三時佛日，依此教生信心專修行，汝一座之行法是法佛之三密法爾，則汝修行之時也，佛無自他性故，汝之三業不出法佛之三密也。汝與本尊亦無自他性，已住本尊之三摩地不移一念則是佛也。

故《秘藏記》云諸佛萬德圓滿，眷屬圍繞，我亦萬德圓滿眷屬圍繞。謂留意思之，以卒爾之心行莫疑秘密之深奧矣。

三密平等入我我入之義，因果二位初後終無差異，不成已成，舊來如是。但至行法以後起妄心故，成佛似戲論者如先會意也。所謂成佛言，元約法佛之三密，唯妙智隨順所入也。不可以分別枉心，斟酌成不成之義。若妄情分別未蕩者，終日雖說即身成佛放光之旨，彌增迷執，何以故，迷執之論談是重座故，瑜伽觀行成佛軌則，皆約法本不生之極理之際也。雖重言為遮汝之疑心，盡諸篇廣示勿厭文繁而已。

又相傳云金剛薩埵者，一切義成就菩薩也（悉達多太子）。

問：一切義成就者釋迦如來因位之稱也，是即多劫修行之佛身，八相成道之如來耳，況復三乘一乘俱仰我教主，權教實教同崇能化之尊，若爾云何以彼菩薩為即身成佛之人證耶？且我亦問，汝抑汝宗，或立四教，或立五教，彼四教五之教主是唯於釋迦一佛為論之，將別佛歟如何？

答：一佛也。

問：若爾，云何分四教、五教，教主不同耶？

答：雖一佛約機見而有報化等異故，足為四教五教之主矣。

問：汝既於釋迦一佛，約藏教云劣應，乃至圓教云法身五教准知，我亦然也。望真言之機教，釋迦如來即習即身成佛頓成之佛也。汝許否耶？若言許者成我所立焉？若不許者汝所立悉招違害矣。

答：卒爾欲答之，進退之義難得，請止反詰直示之。凡古來未決也，大師既云：答云而直不示其義。末學膚受爭輙決之，但我全非好論難，依懇請難背，述一義者，為汝飛日輪破暗，揮金剛摧迷，所謂教王經中一切義成就，定五相成佛之機，《菩提心論》以悉達多太子為從凡入佛之人，是故經云：時一切義成就菩薩摩訶薩，由一切如來之驚覺，即從阿娑頗娜伽三摩地起來，一切如來白言……又論云！如《金剛瑜伽經》，說一切義成就菩薩，初坐金剛座，取證無上道，遂蒙諸佛授此心地，然能證果。凡今之人，若心決定如教修行，不起於座三摩地現，應於是成就本尊之身。

以上證明足為龜鏡，縱無教證其理極成，何必為奇，況復誠證雲披煥然溢目矣。而守株之類聞說騷神，深可悲而已。

問：雖成以一切義成就為即身頓成佛人之旨，更以悉達多太子，名金剛薩埵義猶未顯也。

答：經論以悉逢多太子為即成之人，宗家以金剛薩埵為頓成之證，金剛薩埵即悉達多太子，此待言也。況《理趣經》云一切義金剛手菩薩云。釋經云一切義成就者，普賢菩薩異名也。此菩薩本是普賢，從毘盧遮那佛二手掌親受五智金剛杵，即與灌頂，名之為金剛手，此文明鏡也。或人以《樓閣經》之三仙為即成之人證，甚無其謂不足為論耳。又云：三世十方諸佛皆悉其證也，若離三摩地觀門，終無成佛之理故。或記云，東門之一切義成就菩薩者普賢是也。一切諸佛將登正覺最後身，皆悉名一切義成就太子也（即薩囀悉達也）。

# 附錄二

# 《一真法句淺說》

# 悟光上師《證道歌》

一真法句淺說

嗡乃曠劫獨稱尊，今大毘盧即我身，時窮三際壽無量，體合乾坤唯一人。文

嗡又作唵，音讀嗡，嗡即皈命句，即是皈依命根大日如來的法報化三身之意，法身是體，報身是相，化身是用，法身的體是無形之體性，報身之相是無形之相，即功能威德聚，化身即體性中之功德所顯現之現象，現象是體性功德所現，其源即是法界體性，這體性亦名如來德性、佛性，如來即理體，佛即精神，理體之德用即精神，精神即智，根本理智是一綜合體，有體必有用，現象萬物是法界體性所幻出，所以現象即實在，當相即道。宇宙萬象無一能越此，此法性自曠劫以來獨一無二的真實，故云曠劫

独稱之。此体性的一中有六种不同的性質，有堅固性即地、地並非一味，其中還有無量無边層堅固性的原子，綜合其堅固性假名為地，是遍法界無所不至的，故云地大。其次屬於濕性的無量無边德性名水大，屬於煖性的無量無边德性名火大，屬於動性的無量無边德性曰風大，屬於容納無礙性的曰空大。森羅万象，一草一木，無論動物植物礦物完全具足此六大。此六大之總和相涉無礙的德性遍滿法界，名摩訶毘盧遮那，即是好像日光遍照宇宙一樣，翻謂大日如來。吾們的身体精神都是祂幻化出來，故云六大毘盧即我身，這毘盧即是道，道即是創造万物的原理，當然万物即是道体。道体是無始無終之灵体，沒有時間空間之分界，是沒有过去現在未來，沒有東西南北，故云時窮三陈的无量寿命者，因祂是整個宇宙為身，一切万物的新陳代谢為命，永遠在創造為祂的事業，祂是獨單的不死人，祂以无量時空為身，没有与第二者同居，是個绝对孤單的老人，故曰体合乾坤唯一人。

虚空法界我独步，森罗万象造化根，宇宙性命元灵祖，光被十方无故新。

祂在这无量无边的虚空中自由活动，我是祂的大我法身位，祂容有无量无边的六大体性，祂有无量无边的心王心所，祂有无量无边的万象種子，祂以蒔種，以各不同的種子与以滋润，普照光明，使其現象所濃缩之種性与以展現成為不同的万物，用祂擁有的六大為其物体，用祂擁有的叡智精神（生其物）令各不同的万物自由生活，是祂的大慈大悲之力、祂是万象的造化之根源，是宇宙性命的大元灵之祖，万物生从何来？即从此来、死从何去？死即归於彼處，祂的本身是光、万物依此光而有，但此光是窮三際的無量壽光，这光常住而遍照十方，没有新舊的差别。凡夫因执於時方，故有过去現在未来的三際、有東西南北上下的十方观念、吾人若住於虛空中、即三際十方都没有了。物質在新陳代谢中凡夫看来有新舊交替，这好像機械的水箱依其循環，進入来為新，排出去為舊，根本其水都没有新舊可言。依代谢而有時空、有時空而有壽命長短的观念，人們因有人法之执、故不能窺其全体、故迷於現象而常沉苦海無有出期。

隐顯莫测神最妙、璇転日月贯古今、貪瞋煩惱我密號、

生殺威權我自興。文

毘盧遮那法身如來的作業名羯磨力，祂從其所有的種子注予生命力，使其各類各各需要的成分發揮變成各其的德性，呈現各其本誓的形体及色彩、味道，將其遺伝基因寓於種子之中，使其繁愆子孫，這源動力還是元灵祖所賜。故在一期一定的過程後而隱沒，種子由代替前代而再出現，這種推動力完全是大我灵体之羯磨力，凡夫看來的確太神奇了，太微妙了。不但造化萬物，連太空中的日月星宿亦是祂的力量所支配而運行不休息，祂這樣施與大慈悲心造宇宙萬象沒有代價，真是父母心，吾們是祂的子孫，卻不能荷負祂的使命施與大慈悲心，違逆的眾生真是辜負祂老人家的本誓的大不孝之罪。祂的大慈悲心是大貪，眾生各負祂的本誓，祂會生氣，這是祂的大瞋，但眾生還在不知不覺的行為中，如有怨嘆，祂都不理而致之，還是賜我們眾生好好地生活着，這是祂的大癡，這貪瞋癡是祂的心理祂本有的德性，本來具有的，是祂的密號。祂在創造中不斷斷地成就眾生的成熟。如菓子初生的時只有發育，不到成熟不能食，故未成熟的菓子是苦澀的，到了長大時必須使其成熟，故應用殺氣才能成熟，有生就有殺，加了殺氣之後成熟了，菓子就掉下來，以世間看來是死，故有生必有死，這種生殺的權柄是祂獨有，萬物皆然，是祂自然興起動，故云生殺威權我自興。祂恐怕其創造落空，不斷地動祂的腦筋使其創造不空成就，這些都是祂為眾生的煩惱這煩惱還是祂老人家的本誓云密號，本有功德也。

六道輪迴戲三昧，三界唯納在一心，魑魅魍魎邪精怪，妄為執著意生身。」文

大我佛性的創造中有動物植物礦物，動物有人類、禽獸、水族、蟲類等具有感情性欲之類，植物乃草木具有繁子孫之類，礦物即礦物之類。其中人類的各種機能組織特別靈敏，感情愛欲思考經驗特別發達，故為萬物之靈長，原始時代大概相安無事的，到了文明發達就創了禮教，有了禮教就將教化使其返璞歸真，創了教條束縛其不致出規守其本分，卻成其反造成越規了，這禮教包括一切之法律，法律並非道之造化法律，故百密一漏之處在所難免，有的法律是保護帝王萬世千秋不被他人違背而設的，不一定對於人類自由思考有幫助，所以越嚴格越出規，所以古人

設私出有大偽、人類越文明越不守本份，欲望横飛要衝出自由，自由是万物之特権之性。因此犯了法律就成犯罪，罪是法沒有自性的、看所犯之輕重論處、或罰款或勞役或坐牢、期間屆滿就告罪了。但犯了公約之法律或逃出法網不被發現、其人心会悔而自責、誓不復犯、那麼此人的心意識就有洗滌潜意識的某程度、此人心定還会死後再生為人、若不知仍悔但心中還常感苦煩、死後一定墮地獄、若犯罪畏罪而逃不敢面対現実、心中恐懼怕人發見、這种心意識死後会墮於畜生道。若人欲望熾盛欲火冲冠、死後必定墮の餓鬼道。若人作善意欲求福報死後会生於天道。人心是不定性的、所以在六道中出沒沒有了時、因為它是凡夫不悟真理才会感受苦境。苦楽感受是三界中事、若果修行悟了道之本體，與道合一入我我入，成為乾坤一人的境界，向下觀此大道即是虛出發的現像，都是大我的三昧遊戲吧了。能感受所感受的三界都是心，不但三界，十界亦是心。故三界唯納在一心。魑魅魍魎邪精怪是山川木石等孕育天地之靈氣，然後受了動物之精液幻成，受了人之精液即能變為人形，受了猴之精液變猴，其他類推，這種怪物即是魔鬼，它不會因過失而懺悔，任意胡為，它的心是是一種執著意識，以其意念而幻形，此名意成身。幻形有三條件，一是幽質，二是念朔材質，三是物質，比如說我們要畫圖，在紙上先想所畫之物，這是幽質，未動筆時紙上先有其形了。其次提起鉛筆繪個形記稿，此即念朔材質，次取來彩色塗上，就變成立體之相，就可亂真了。

喑啞聾殘廢疾、痛魔纏縛自迷因、心生覺了生是佛，、心佛未覚佛是生」文

人們自出生時或出生了後，罹了喑啞、或眼盲、或耳聾或殘廢疾病、都由前生所作的心識有関、过去世做了令人憤怒而被打了咽喉、或眼目、或殘廢，或致了病入膏肓而死、自己還不能懺悔、心中常存怨恨、这种潛意識帶來転生，其遺伝基因被其破壞，或在胎内或出生後会現其相。前生若能以般若來觀照五蘊皆空、即可消除前愆甚至解縛証道、衆生因迷不解於宇宙真理、执着人法故此也。人們的造惡業亦是心、心生执着而不自覚即迷沉苦海、若果了悟此心本來是佛性、心生迷境而能自覚了、心即回歸本來面目，那個時候迷的衆生就是佛了。这心就是佛、因衆生迷而

不覺故佛與眾生，是迷悟之一念間，人們應該在心之起念間要反觀自照以免隨波著流。

罪福本空無自性，原來性空無所憑，我道一覺超生死，

慧光朗照病除根。

罪是違背公約的代價，福是善行的人間代價，這都是人我之間的現象界之法，在佛性之中都沒有此物，六道輪迴之中的諸心所法是人生舞台的法，人們只迷於舞台之法，未透視演戲之人，戲是假的，演員是真的，任你演什麼奸忠角色，對於演員本身是毫不相關的，現像無論怎麼演變，其本來佛性是如如不動的，所以世間之罪福無自性，原來其性本空，沒有什麼法可憑依。戲劇中之盛衰生死貪富根本與佛性的演員都沒有一回事，法華經中的譬喻品有長者

子的寓意故事，有位長者之子本來是無量財富，因出去玩要被其他的孩子帶走，以致迷失不知回家，成為流浪兒，到了長大還不知其家，亦不認得其父母，父母還是思念，但迷兒流浪了終於受傭於其家為奴，雙方都不知是父子關係，有一天來了一位和尚，是有神通的大德，對其父子說像彼原來是父子，那個時候當場互為相認，即時回復父子關係，子就可以繼承父親的財產了。未知之前其子還是貧窮的，一旦知之後就成富家兒了。故喻迷沉生死苦海的眾生若能被了悟的大德指導，一覺大我之道就超生死迷境了。了生死是了解生死之法本來迷境，這了悟就是智慧，智慧之光朗照，即業力的幻化迷境就消失，病魔之根就根除了。

阿字門中本不生，吽開不二絕思陳，五蘊非真業非有，

能所俱泯主賓文

阿字門即是涅槃體、是不生不滅的佛性本体、了知諸法自性本空沒有實体，眾生迷於人法，金剛般若經中說的四相、我相、人相、眾生相、壽者相、凡夫迷着以為實有，四相完全是戲論、佛陀教吾們要反觀內照，了知現象即實在，要將現象融入真理、我與道同在、我與法身佛入我我入成為不二的境界、這不二的境界是絕了思考的起沒、滅了妄諸念頭、靈明獨耀之境界，所有的五蘊是假的，這五蘊聚固執是世間所云之靈魂，有這靈魂就要輪迴六趣了，有五蘊就有能思與所思的主賓對係、變成心所諸法而執着有、能所主賓斷了，心如虛空、心如虛空故與道合一，即時回歸不生不滅的阿字門，不然的話，迷着於色聲香味觸之法而認為真，故生起貪愛，瞋恚、愚痴等蓋佛性，把了生死苦樂感受，諸法是戲論，佛性不是戲論，佛陀教吾們不可認賊為父。

了知三世一切佛、應觀法界性一真、一念不生三三昧、我法二空佛印心。文

應該知道三世一切的覺者是怎樣成佛的，要了知一個端的，應觀這法界森羅萬象是一真實的涅槃性所現，這是過去佛現在佛未來佛共同所修觀的方法，一念生萬法現，一念若不生就是包括了無我、無相、無願三種三昧，這種三昧是心空，不是無知覺，是視之不見，聽之不聞的靈覺境界此乃一真法性當體之狀態，我執法執俱空即是入我我入，佛心即我心，我心即佛心，達到這境界即入禪定，禪是佛

定是心不起、二即一、眾生即佛。釋迦拈花迦葉微笑印此端的。因為迦葉等五百羅漢，均是不發大心的外道思想意識潛在、故用了方便手指舉波羅花顛動，大眾均不知用意、但都啞然一念不生注視着、這端的當傳印佛性本來面目、可惜錯過機會、只有迦葉微笑表示領悟、自此別開一派的無字法門禪宗、見性了緣不能發大心都是獨善其身的自了漢。

菩薩金剛鐵眷屬、三緣無住起悲心、天龍八部隨心所、神通變化攝鬼神。又

羅漢在高山打瞌睡，菩薩在荒草、佛在世間不離世間覺、羅漢入定不管世事眾生死如在高山睡覺、定力到極限的時候就醒來、念起了念頭、就陸下來了。菩薩是了悟眾生

本質即佛德、已知迷是苦海、覺悟即極樂、菩薩已徹底了悟了、它就不怕生死、沉惑潤生、拯救沉沒海中的眾生、如人已知水性了、入於水中會游泳、苦海變成泳池、眾生是不知水性故會沉溺。菩薩入於眾生群中、猶如一支好花入於蔓草之中、鶴立雞群、一支獨秀、佛世間、眾生世間、器世間、都是法界佛性所現、在世間覺悟道理了、就是佛、所以佛在世間並無離開世間。佛是世間眾生的覺悟者菩薩為度眾生而開方便法門、但有頑固的眾生不受教訓、菩薩就起了忿怒相責罰、這就是金剛、這是大慈大悲的佛心所變之心所。其實即佛、心王心所是佛之眷屬、這種大慈大悲的教化眾生之心所、是沒有能度所度及功勞的心無住生心、歸納起來菩薩金剛都是大悲毘盧遮那之心。

此心即佛心，要度天或鬼神就要化同其趣。如天要降雨露均諸法界衆生就要天龍，要守護法界衆生就要八部神將，都是大日如來心所流出的。祂的神通變化是莫測的，不但能度的菩薩金剛，連鬼神之類都是毘盧遮那普門之一德，普門之多的總和即總持，入了總持即普門之德具備，這總持即是心。

無限色聲我實相，文賢加持重重身，聽我法句認諦理，一轉彈指立歸真。

心是宇宙心，心包太虛，太虛之中有無量基因德性，無量基因德性即普門，色即現前之法，聲即法相之語，語即道之本体，有其聲必有其物，有其物即有其色相，無限的基因德性，顯現無限不同法相，能認識之本体即佛性智德、顯現法相之理即理德、智法曰文殊、理德曰普賢，法界之森羅萬象即此理智冥加之法，無量無邊之理德及無量無邊之智法，無論一草一木都是此妙諦重重冥加的總和，如是基因德性之不同，顯現之物或法都是各各完成其使命之相。若不如是萬物即呈現清一色、一味、一相，都沒有各之使命標幟了。這無限無量的基因德性曰功德，這功德都藏於一心之如來藏中，凡夫不知故認後天收入的塵法為真，將真而假合靈，成為阿賴耶識，自此沉迷三界苦海了。人們若果醒了這道理而覺悟，即不執于塵之地成佛了。

# 附錄二：《一真法句淺說》—悟光上師《證道歌》

## 【全文】

嗡乃曠劫獨稱真，六大毘盧即我身，時窮三際壽無量，體合乾坤唯一人。
虛空法界我獨步，森羅萬象造化根，宇宙性命元靈祖，光被十方無故新。
隱顯莫測神最妙，璇轉日月貫古今，貪瞋煩惱我密號，生殺威權我自興。
六道輪回戲三昧，三界匯納在一心，魑魅魍魎邪精怪，妄為執著意生身。
喑啞蒙聾殘廢疾，病魔纏縛自迷因，心生覺了生是佛，心佛未覺佛是生。
罪福本空無自性，原來性空無所憑，我道一覺超生死，慧光朗照病除根。
阿字門中本不生，吽開不二絕思陳，五蘊非真業非有，能所俱泯斷主賓。
了知三世一切佛，應觀法界性一真，一念不生三三昧，我法二空佛印心。
菩薩金剛我眷屬，三緣無住起悲心，天龍八部隨心所，神通變化攝鬼神。
無限色聲我實相，文賢加持重重身，聽我法句認諦理，一轉彈指立歸真。

**【釋義】**

**嗡乃曠劫獨稱真，六大毘盧即我身，時窮三際壽無量，體合乾坤唯一人。**

嗡又作唵，音讀嗡，嗡即皈命句，即是皈依命根大日如來的法報化三身之意，法身是體，報身是相，化身是用，法身的體是無形之體性，報身之相是無形之相，即功能或云功德聚，化身即體性中之功德所顯現之現象，現象是體性功德所現，其源即是法界體性，這體性亦名如來德性、佛性，如來即理體，佛即精神，理體之德用即精神，精神即智，根本理智是一綜合體，有體必有用。現象萬物是法界體性所幻出，所以現象即實在，當相即道。宇宙萬象無一能越此，此法性自曠劫以來獨一無二的真實，故云曠劫獨稱真。此體性的一中有六種不同的性質，有堅固性即地，地並非一味，其中還有無量無邊屬堅固性的原子，綜合其堅固性假名為地，是遍法界無所不至的，故云地大。其次屬於濕性的無量無邊德性名水大，屬於煖性的無量無邊德性名火大，屬於動性的無量無邊德性曰風大，屬於容納無礙性的曰空大。森羅萬象，一草一木，無論動物植物礦物完全具足此六大。此六大之總和相涉無礙的德性遍滿法界，名摩訶毘盧遮那，即是好像日光遍照宇宙一樣，翻謂大日如來。吾們的身體精神都是祂幻化出來，故云六大毘盧即我身，這毘盧即是道，道即是創造萬物的原理，當然萬物即是道體。道體是無始無終之靈體，沒有時間空間之分界，是沒有過去現在未來，沒有東西南北，故云時窮三際的無量壽命者，因祂是整個宇宙為身，一切萬物的新陳代謝為命，永遠在創造為祂的事業，祂是孤單的不死人，祂以無量時空為身，沒有與第二者同居，是個絕對孤單的老人，故曰體合乾坤唯一人。

**虛空法界我獨步，森羅萬象造化根，宇宙性命元靈祖，光被十方無故新。**

祂在這無量無邊的虛空中自由活動，我是祂的大我法身位，祂容有無量無邊的六大體性，祂有無量無邊的心王心所，祂有無量無邊的萬象種子，祂以蒔種，以各不同的種子與以滋潤，普照光明，使其現象所濃縮之種性與以展現成為不同的萬物，用祂擁有的六大為其物體，用祂擁有的睿智精神（生其物）令各不同的萬物自由生活，是祂的大慈大悲之力，祂是萬象的造化之根源，是宇宙性命的大元靈之祖，萬物生從何來？即從此來，死從何去？死即歸於彼處，祂的本身是光，萬物依此光而有，但此光是窮三際的無量壽光，這光常住而遍照十方，沒有新舊的差別。凡夫因執於時方，故有過去現在未來的三際，有東西南北上下的十方觀念，吾人若住於虛空中，即三際十方都沒有了。物質在新陳代謝中凡夫看來有新舊交替，這好像機械的水箱依其循環，進入來為新，排出去為舊，根本其水都沒有新舊可言。依代謝而有時空，有時空而有壽命長短的觀念，人們因有人法之執，故不能窺其全體，故迷於現象而常沉苦海無有出期。

**隱顯莫測神最妙，璇轉日月貫古今，貪瞋煩惱我密號，生殺威權我自興。**

毘盧遮那法身如來的作業名羯磨力，祂從其所有的種子注予生命力，使其各類各各需要的成分發揮變成各具的德性呈現各其本誓的形體及色彩、味道，將其遺傳基因寓於種子之中，使其繁愆子孫，這源動力還是元靈祖所賜。故在一期一定的過程後而隱沒，種子由代替前代而再出現，這種推動力完全是大我靈體之羯磨力，凡夫看來的確太神奇了、太微妙了。不但造化萬物，連太空中的日月星宿亦是祂的力量所支配而璿轉不休息，祂這樣施與大慈悲心造宇宙萬象沒有代價，真是父母心，吾們是祂的子孫，卻不能荷負祂的使命施與大慈悲心，迷途的眾生真是辜負祂老人家的本誓的大不孝之罪。祂的大慈悲心是大貪，眾生負祂的本誓，祂會生氣，這是祂的大瞋，但眾生還在不知不覺的行為中，如有怨嘆，祂都不理而致之，還是賜我們眾生好好地生活著，這是祂的大癡，這貪瞋癡是祂的心理、祂本有的德性，本來具有的、是祂的密號。祂在創造中不斷地成就眾生的成熟。如菓子初生的時只有發育，不到成熟不能食，故未成熟的菓子是苦澀的，到了長大時必須使其成熟故應與以殺氣才能成熟，有生就應有殺，加了殺氣之後成熟了，菓子就掉下來，以世間看來是死，故有生必有死，這種生殺的權柄是祂獨有，萬物皆然，是祂自然興起的，故云生殺威權我自興。祂恐怕其創造落空，不斷地動祂的腦筋使其創造不空成就，這些都是祂為眾生的煩惱。這煩惱還是祂老人家的本誓云密號，本有功德也。

**六道輪回戲三昧，三界匯納在一心，魑魅魍魎邪精怪，妄為執著意生身。**

大我體性的創造中有動物植物礦物，動物有人類，禽獸，水族，蟲類等具有感情性欲之類，植物乃草木具有繁衍子孫之類，礦物即礦物之類。其中人類的各種機能組織特別靈敏，感情愛欲思考經驗特別發達，故為萬物之靈長，原始時代大概相安無事的，到了文明發達就創了禮教，有了禮教擬將教化使其反璞歸真，創了教條束縛其不致出規守其本分，卻反造成越規了，這禮教包括一切之法律，法律並非道之造化法律，故百密一漏之處在所難免，有的法律是保護帝王萬世千秋不被他人違背而設的，不一定對於人類自由思考有幫助，所以越嚴格越出規，所以古人設禮出有大偽，人類越文明越不守本分，欲望橫飛要衝出自由，自由是萬物之特權之性，因此犯了法律就成犯罪。罪是法沒有自性的，看所犯之輕重論處，或罰款或勞役或坐牢，期間屆滿就無罪了。但犯了公約之法律或逃出法網不被發現，其人必會悔而自責，誓不復犯，那麼此人的心意識就有洗滌潛意識的某程度，此人必定還會死後再生為人，若不知懺悔但心中還常感苦煩，死後一定墮地獄，若犯罪畏罪而逃不敢面對現實，心中恐懼怕人發現，這種心意識死後會墮於畜生道。若人欲望熾盛欲火衝冠，死後必定墮入餓鬼道。若人作善意欲求福報死後會生於天道，人心是不定性的，所以在六道中出歿沒有了時，因為它是凡夫不悟真理才會感受苦境。苦樂感受是三界中事，若果修行悟了道之本體，與道合一入我我入，成為乾坤一人的境界，向下觀此大道即是虛出歿的現象，都是大我的三昧遊戲罷了，能感受所感受的三界都是心，不但三界，十界亦是心，故三界匯納在一心。魑魅魍魎邪精怪是山川木石等孕育天地之靈氣，然後受了動物之精液幻成，受了人之精液即能變為人形，受了猴之精液變猴，其他類推，這種怪物即是魔鬼，它不會因過失而懺悔，任意胡為，它的心是一種執著意識，以其意而幻形，此名意成身，幻形有三條件，一是幽質，二是念朔材質，三是物質，比如說我們要畫圖，在紙上先想所畫之物，這是幽質，未動筆時紙上先有其形了，其次提起鉛筆繪個形起稿，此即念朔材質，次取來彩色塗上，就變成立體之相，幾可亂真了。

**喑啞蒙聾殘廢疾，病魔纏縛自迷因，心生覺了生是佛，心佛未覺佛是生。**

人們自出生時或出生了後，罹了喑啞、或眼盲、或耳聾或殘廢疾病，都與前生所作的心識有關，過去世做了令人憤怒而被打了咽喉、或眼目、或殘廢、或致了病入膏肓而死，自己還不能懺悔，心中常存怨恨，這種潛意識帶來轉生，其遺傳基因被其破壞，或在胎內或出生後會現其相。前生若能以般若來觀照五蘊皆空，即可洗滌前愆甚至解縛證道，眾生因不解宇宙真理，執著人法故此也。人們的造惡業亦是心，心生執著而不自覺即迷沉苦海，若果了悟此心本來是佛性，心生迷境而能自覺了，心即回歸本來面目，那個時候迷的眾生就是佛了。這心就是佛，因眾生迷而不覺故佛亦變眾生，是迷悟之一念間，人們應該在心之起念間要反觀自照以免隨波著流。

**罪福本空無自性，原來性空無所憑，我道一覺超生死，慧光朗照病除根。**

罪是違背公約的代價，福是善行的人間代價，這都是人我之間的現象界之法，在佛性之中都沒有此物，六道輪迴之中的諸心所法是人生舞台的法，人們只迷於舞台之法，未透視演戲之人，戲是假的演員是真的，任你演什麼奸忠角色，對於演員本身是毫不相關的，現象無論怎麼演變，其本來佛性是如如不動的，所以世間之罪福無自性，原來其性本空，沒有什麼法可憑依。戲劇中之盛衰生死貧富根本與佛性的演員都沒有一回事。《法華經》中的〈譬喻品〉有長者子的寓意故事，有位長者之子本來是無量財富，因出去玩耍被其他的孩子帶走，以致迷失不知回家，成為流浪兒，到了長大還不知其家，亦不認得其父母，父母還是思念，但迷兒流浪了終於受傭於其家為奴，雙方都不知是父子關係，有一天來了一位和尚，是有神通的大德，對其父子說你們原來是父子，那個時候當場互為相認，即時回復父子關係，子就可以繼承父親的財產了。未知之前其子還是貧窮的，了知之後就成富家兒了，故喻迷沉生死苦海的眾生若能被了悟的大德指導，一覺大我之道就超生死迷境了。了生死是瞭解生死之法本來迷境，這了悟就是智慧，智慧之光朗照，即業力的幻化迷境就消失，病魔之根就根除了。

**阿字門中本不生，吽開不二絕思陳，五蘊非真業非有，能所俱泯斷主賓。**

阿字門即是涅盤體，是不生不滅的佛性本體，了知諸法自性本空沒有實體，眾生迷於人法，《金剛般若經》中說的四相，我相、人相、眾生相、壽者相，凡夫迷著以為實有，四相完全是戲論，佛陀教吾們要反觀內照，了知現象即實在，要將現象融入真理，我與道同在，我與法身佛入我我入成為不二的境界，這不二的境界是絕了思考的起沒，滅了言語念頭，靈明獨耀之境界，所有的五蘊是假的，這五蘊堅固就是世間所云之靈魂，有這靈魂就要輪迴六趣了，有五蘊就有能思與所思的主賓關係，變成心所諸法而執著，能所主賓斷了，心如虛空，心如虛空故與道合一，即時回歸不生不滅的阿字門。不然的話，迷著於色聲香味觸之法而認為真，故生起貪愛、瞋恚、愚癡等眾蓋佛性，起了生死苦樂感受。諸法是戲論，佛性不是戲論，佛陀教吾們不可認賊為父。

**了知三世一切佛，應觀法界性一真，一念不生三三昧，我法二空佛印心。**

應該知道三世一切的覺者是怎樣成佛的。要了知一個端的應觀這法界森羅萬象是一真實的涅盤性所現，這是過去佛現在佛未來佛共同所修觀的方法，一念生萬法現，一念若不生就是包括了無我、無相、無願三種三昧，這種三昧是心空，不是無知覺，是視之不見、聽之不聞的靈覺境界，此乃一真法性當體之狀態，我執法執俱空即是入我我入，佛心即我心，我心即佛心，達到這境界即入禪定，禪是體，定是心不起，二而一，眾生成佛。釋迦拈花迦葉微笑即此端的，因為迦葉等五百羅漢，均是不發大心的外道思想意識潛在，故開了方便手拈畢波羅花輾動，大眾均不知用意，但都啞然一念不生注視著，這端的當體即佛性本來面目，可惜錯過機會，只有迦葉微笑表示領悟，自此別開一門的無字法門禪宗，見了性後不能發大心都是獨善其身的自了漢。

**菩薩金剛我眷屬，三緣無住起悲心，天龍八部隨心所，神通變化攝鬼神。**

羅漢在高山打蓋睡，菩薩落荒草，佛在世間不離世間覺，羅漢入定不管世事眾生宛如在高山睡覺，定力到極限的時候就醒來，會起了念頭，就墮下來了，菩薩是了悟眾生本質即佛德，已知迷是苦海，覺悟即極樂，菩薩已徹底了悟了，它就不怕生死，留惑潤生，拯救沉沒海中的眾生，如人已知水性了，入於水中會游泳，苦海變成泳池，眾生是不知水性故會沉溺，菩薩入於眾生群中，猶如一支好花入於蔓草之中，鶴立雞群，一支獨秀。佛世間、眾生世間、器世間，都是法界體性所現，在世間覺悟道理了，就是佛，所以佛在世間並無離開世間。佛是世間眾生的覺悟者，菩薩為度眾生而開方便法門，但有頑固的眾生不受教訓，菩薩就起了忿怒相責罰，這就是金剛，這是大慈大悲的佛心所流露之心所，其體即佛，心王心所是佛之眷屬，這種大慈大悲的教化眾生之心所，是沒有能度所度及功勞的心，無住生心，歸納起來菩薩金剛都是大悲毘盧遮那之心。此心即佛心，要度天或鬼神就變化同其趣。如天要降雨露均沾法界眾生就變天龍，要守護法界眾生就變八部神將，都是大日如來心所所流出的。祂的神通變化是莫測的，不但能度的菩薩金剛，連鬼神之類亦是毘盧遮那普門之一德，普門之多的總和即總持，入了總持即普門之德具備，這總持即是心。

**無限色聲我實相，文賢加持重重身，聽我法句認諦理，一轉彈指立歸真。**

心是宇宙心，心包太虛，太虛之中有無量基因德性，無量基因德性即普門，色即現前之法，聲即法相之語，語即道之本體，有其聲必有其物，有其物即有其色相，無限的基因德性，顯現無限不同法相，能認識之本體即佛性智德，顯現法相之理即理德，智德曰文殊，理德曰普賢，法界之森羅萬象即此理智冥加之德，無量無邊之理德及無量無邊之智德，無論一草一木都是此妙諦重重冥加的總和，只是基因德性之不同，顯現之物或法都是各各完成其任務之相。若不如是萬物即呈現清一色、一味、一相，都沒有各各之使命標幟了。這無限無量的基因德性曰功德，這功德都藏於一心之如來藏中，凡夫不知故認後天收入的塵法為真，將真與假合璧，成為阿賴耶識，自此沉迷三界苦海了，人們若果聽了這道理而覺悟，即不起於座立地成佛了。

──完──

# 即身成佛觀

作者

大僧正
哲學博士 釋悟光上師

編輯

玄覺

美術統籌

莫道文

美術設計

曾慶文

出版者

資本文化有限公司

地址：香港中環康樂廣場1號怡和大廈24樓2418室
電話：(852) 28507799
電郵：info@capital-culture.com
網址：www.capital-culture.com

鳴謝

宏天印刷有限公司

地址：香港柴灣利眾街40號富誠工業大廈A座15字樓A1, A2室
電話：(852) 2657 5266

出版日期

二〇一八年七月第一次印刷


ISBN 978-988-77264-6-3
Published in Hong Kong